한국시장의
프랜차이즈 전략 Ⅱ

전면개정판

한국시장의 프랜차이즈 전략 II

유재은 지음

"지난 10년간 수많은 본사를 성공시키며 검증된 사업전략과 실무전략서"

1부 프랜차이즈 분석편
- I. 프랜차이즈 사업에 대하여
- II. 프랜차이즈란 무엇인가
- III. 국내 부실 프랜차이즈 본사 선별법 15가지
- IV. 한국에서 실패한 프랜차이즈 본사 분석

2부 프랜차이즈 전략편
- V. 국내 프랜차이즈 신규 사업 전략
- VI. 한국시장의 프랜차이즈 상권 전략
- VII. 한국시장의 프랜차이즈 전개 전략
- VIII. 한국시장의 프랜차이즈 마케팅 전략
- IX. 한국시장의 프랜차이즈 실무 전략

kpc 한국생산성본부
KOREA PRODUCTIVITY CENTER

머릿말

프랜차이즈 업계에 뛰어든지 벌써 20년…

　프랜차이즈 업계에 뛰어든지 벌써 20년을 바라보게 되었다. 또 한국시장의 프랜차이즈전략을 출간 하기위해 집필한 것이 1999년도이었으니, 꼭 10년만에 전면 개정판을 내게되어 지나간 시간에 대한 감개가 무량하다 아니할 수 없다.

　10년전 프랜차이즈업계 최초로 프랜차이즈 전문서적을 출간하면서 주장했던 프랜차이즈 사업전개 이론이나 프랜차이즈 사업전략과 방향들이 그 후, 1만부 가량 읽히면서 지난 10년간 검증되어 왔는데, 다행히도 수정해야 할 부분이 거의 없다는 사실에 안도하면서, 이 책을 쓸 수 있는 기회와 지혜를 주시고, 이 모두를 인도해 주신 하나님께 감사 드리고자 한다.

　이 책을 통해 처음 시작한 프랜차이즈 사업의 근간을 이루었고, 사업의 성공을 이루는데 길잡이가 되고 많은 힘이 되었다는 주변의 평가와 출판사를 통해 계속 책을 찾으시는 독자의 요청에 힘입어 전면 개정판을 내게 되었다.

이 개정판이 앞으로도 프랜차이즈 사업을 하시는 많은 분들에게 시행착오를 줄이고 사업적 성공을 이루는데 작은 보탬이 된다면, 필자는 기쁨과 감사를 누릴 수 있을 것 같다.

   이 책이 나오기에 도와준 분들이 많다.
김태균 팀장, 박성환 팀장, 홍희명 대리, 생산성본부 정보문화원의 김광섭 팀장, 그리고 늘 이끌어 주시는 연세대의 오세조교수님께 감사드린다.
그리고, 저를 위해 기도해 주시는 우리 어머님 이명환 권사님과 이 책을 위해 미국에서도 격려해 주는 우리딸 유하은, GVCS에서 응원해 주는 우리아들 유하영, 그리고 20년을 한결같이 힘이 되어준 나의 사랑하는 아내 장영선에게 감사의 마음을 전하고자 한다.

2009년 9월 4일
저자 유 재 은

CONTENTS

1부 프랜차이즈 분석편

I. 프랜차이즈 사업에 대하여 / 13
1. 누가 프랜차이즈로 단기간에 큰 돈 번다고 하는가
2. 매장이 수백개 있다고 해서 성공한 프랜차이즈일까
3. 프랜차이즈, 입문은 쉽고 성공은 어렵다
4. 잘못 알고 있는 오리지널 프랜차이즈 본사
5. 과연 불황속 프랜차이즈전개 가능한가

II. 프랜차이즈란 무엇인가 / 29
1. 프랜차이즈(Franchise)란
2. 프랜차이즈의 형태와 종류
    1) 상품 판매형 프랜차이즈
    2) 비즈니스 패키지형 프랜차이즈
        (1) 직영점
        (2) 가맹점
        (3) 자율 체인점
3. 지사의 2가지 형태
    1) 직영지사
    2) 가맹지사
4. 체인점이 본사에 납부하는 비용 5가지
    1) 가맹비
    2) 보증금
    3) 인테리어비
    4) 초도 상품(물품)비
    5) 로열티

Ⅲ. 국내 부실 프랜차이즈 본사 선별법 15가지 / 47

1. 본사를 파악하라
   1) 대표자와 경영진의 경력
   2) 본사 재정상태, 운영상태
2. 직영점을 파악하라
   1) 재무상태 파악이 가능하다
   2) 노하우 축적 여부를 판단할 수 있다
3. 가맹점을 파악하라
   1) 4명의 가맹점주는 좋게 말하고 1명의 가맹점주는 악담을 할때
   2) 가맹 매장의 수가 몇 개는 되어야 안전한가
4. 제조 공장 및 유통라인을 파악하라
5. 매장관리 조직을 파악하라
6. 광고 동향을 파악하라
   1) 지나친 광고는 본사의 재정 손실로 이어진다
   2) 광고를 통해 부실 브랜드 찾기
7. 경쟁업체 확산을 파악하라
8. 법적 계약이 있는가 파악하라
9. 독점 영업권을 파악하라
   1) 한 상권에 한 개가 원칙
   2) 한 상권에 두 개의 매장이 들어가면 안되는가
10. 매장운영의 실태를 파악하라
11. 왜곡 홍보를 파악하라
12. 하청업체 (납품업체) 로부터 평판이 좋은지 파악하라
13. 단일회사가 단기간(1년 전후)에 복수 브랜드를 출점하는가 파악하라
14. 오더맨 시스템이 있는가 파악하라
15. 8도 가맹 지사 시스템

Ⅳ. 한국에서 실패한 프랜차이즈 본사 분석 / 79
   1. 대기업 프랜차이즈가 실패한 이유
      1) 프랜차이즈는 자본으로 승부하는 사업이 아니다.
      2) 국내에 프랜차이즈 전문인력이 너무 적다.
      3) 프랜차이즈 사업성공의 핵심은 시장 마케팅 능력이다.
      4) 두산 그룹의 요시노야가 실패한 이유
   2. 중소기업 프랜차이즈가 실패를 반복하는 이유
      1) 8도 가맹지사 시스템과 오더맨 시스템은 위험하다
      2) 오더맨 시스템은 가맹사업을 무너뜨린다
      3) 상권분석과 점포개발의 실패
      4) 노하우 없는 가격파괴점은 살아남지 못한다.
      5) 왜 아이스크림 체인점은 다 망했을까
      6) 탕수육 체인점의 종말

2부 프랜차이즈 전략편

Ⅴ. 국내 프랜차이즈 신규 사업 전략 / 113
   - 프랜차이즈 사업 진출의 5가지 방법
   1. 대박난 우수 매장을 모델점으로 하는 프랜차이즈 사업
   2. 국내에서 자체 개발하는 프랜차이즈 사업
   3. 일본 브랜드의 벤치마킹으로 시작하는 프랜차이즈 사업
   4. 외국 브랜드의 한국지사 설립으로 시작하는 프랜차이즈 사업
   5. M&A를 통한 프랜차이즈 사업

Ⅵ. 한국시장의 프랜차이즈 상권 전략 / 129

1. 프랜차이즈 상권 전략의 중요성
2. 프랜차이즈 일반상권
   1) 대형상권
   2) 중형상권
   3) 소형상권
3. 프랜차이즈 특수상권
   1) 단일 대학 상권
   2) 대형소매점상권(백화점 상권, 대형할인점 상권)
   3) 기차역 · 터미널 상권
   4) 단일 APT상권

Ⅶ. 한국시장의 프랜차이즈 전개 전략 / 149

1. 대형 프랜차이즈 전개전략
   1) 국내에서 운영 가능한 최대 매장수는 몇 개인가
   2) 왜 직영점 위주로 전개되어야 하는가
   3) 가맹점 위주로 전개될 수는 없는가
   4) 어떤 아이템이 대형 프랜차이즈로 전개되어야 하는가
2. 중형 프랜차이즈 전개전략
   1) 국내에서 운영 가능한 최대 매장수는 몇 개인가
   2) 직영점 위주로 가야하나 가맹점 위주로 가야하나
   3) 직영점과 가맹점을 혼용해야 효율이 높아지는 이유
   4) 어떤 아이템이 중형 프랜차이즈로 전개되어야 하는가
   5) 중형 프랜차이즈 아이템별 입점상권 분석 사례

3. 소형 프랜차이즈 전개전략
   1) 국내에서 운영 가능한 최대 매장수는 몇 개인가
   2) 왜 가맹점 위주로 전개되어야 하는가
   3) 가맹점 위주로 전개될 때 시스템 효율 높아지는 이유
   4) 소형프랜차이즈에서 매장수보다 폐점률이 더 중요한 이유
   5) 소형프랜차이즈에서 우수브랜드로 등장한 파리바게뜨
   6) 어떤 아이템이 소형 프랜차이즈로 전개되어야 하는가

Ⅷ. 한국시장의 프랜차이즈 마케팅 전략 / 175
1. 우수 프랜차이즈 성장패턴
   1) 프랜차이즈 시스템 준비기
   2) 프랜차이즈 매장 성장기
   3) 프랜차이즈 유통사업 성숙기
   4) 프랜차이즈 쇠퇴기
2. 프랜차이즈 성공 가맹 공식
3. 프랜차이즈 사업성공의 핵심요인 2가지
   1) 매장상품의 노하우
   2) 유통상품의 노하우
4. 광고전략
   1) 가맹영업을 위해 TV광고를 하면 망하는 이유
   2) 신문광고로 가맹영업을 성공할 수 있을까
5. 전국 프랜차이즈매장 전개 전략
6. 프랜차이즈브랜드(Brand) 확산 전략

IX. 한국시장의 프랜차이즈 실무 전략 / 217

1. 프랜차이즈 사업본부 조직
   1) 프랜차이즈 사업조직구조
   2) 프랜차이즈 본부장 중심제의 효율성
   3) 사장과 본부장과의 관계
2. 프랜차이즈 가맹영업 실무
   1) 구전과 소개를 통한 가맹영업
   2) 홍보를 통한 가맹영업
   3) 광고를 통한 가맹영업
   4) 전업 유도를 통한 가맹영업
   5) 창업 강좌를 통한 가맹영업
   6) 컨설팅 회사를 통한 가맹영업
   7) DM 영업
3. 프랜차이즈 상권분석과 점포개발 실무
   1) 대학상권의 점포개발 기법
   2) 일반상권 점포개발 기법
   3) 목이 중요하지 않은 점포사업
4. 매장 인테리어와 오픈 실무
   1) 프랜차이즈 인테리어의 핵심
   2) 인테리어를 본사 직영으로 할 때의 문제점
   3) 인테리어를 외주 줄 때의 문제점
5. 프랜차이즈 가맹 매장관리 실무
   - 매장관리가 가맹영업보다 더 중요한 이유
6. 물류 실무
   - 아웃소싱 줄 것인가 말 것인가
   1) 로열티 사업이 아직도 우리나라에서는 쉽지 않다
   2) 물류를 본사가 직접 시작해야 하는 이유

I. 프랜차이즈 사업에 대하여

1. 누가 프랜차이즈로 단기간에 큰 돈 번다고 하는가
2. 매장이 수백개 있다고 해서 성공한 프랜차이즈일까?
3. 프랜차이즈, 입문은 쉽고 성공은 어렵다
4. 잘못 알고 있는 오리지널 프랜차이즈 본사
5. 과연 불황속 프랜차이즈전개 가능한가

I. 프랜차이즈 사업에 대하여

1. 누가 프랜차이즈로 단기간에 큰 돈을 번다고 하는가

지금 우리나라에는 프랜차이즈가 21세기 유통의 황금시장으로 부상한지 오래이다. 프랜차이즈가 새로운 비즈니스 사업영역으로 많은 젊은이와 중소기업은 물론 대기업까지도 이 분야에 본격 진출하기 시작해 바야흐로 프랜차이즈 전성시대가 도래하였다. 그런데 이 분야에 대한 잘못된 인식이 있는데 그것은 프랜차이즈로 단기간에 큰돈을 벌 수 있다는 생각이다.

하지만 프랜차이즈는 결코 사업 개시 후 단기간 보통 1~2년 안에 큰돈을 벌 수 있는 사업이 아니다. 물론 큰 돈을 벌 수도 있지만 그것은 최소한 창업 후 적어도 4~5년 지난 후의 일이다. 잘 알려진대로 베스킨라빈스 아이스크림은 창업 후 7년 동안 큰 손익을 거두지 못하고 운영되었으나 10여년이 지나면서 연간 50~60억 이상의 큰돈을 벌어들이고 있는 회사로 성장하였을 뿐만 아니라 파리바게뜨로 잘 알려진 연매출 2조원을 바라보는 프랜차이즈 중심의 SPC 그룹을 세우는 모태가 되었다.

한번은 강남에서 사업을 준비 중인 후배를 만난 일이 있다. 그 때 적지않은 충격을 받은 일이 있었는데, 그 이유는 그 후배가 프랜차이즈 사업을 시작해 보고 싶다는 것이었다. "많은 사업 중에 왜 하필 프랜차이즈를 택하려고 하느냐" 하고 묻자 그의 대답은 "잘하면 1~2년 안에 큰 돈을 벌 수 있는 사업이 프랜차이즈가 아니냐" 라고 반문했다. 그 예로 그 당시 가맹점이 급속도로 확산된 하이트광장 프랜차이즈를 들었다. 그런데 그 프랜차이즈는 많은 가맹점들을 망하게 한 부실 프랜차이즈였다.

이처럼 프랜차이즈는 우리에게는 잘못 알려져 있는 면이 많은데 심지어는 기사를 쓰는 기자들도 부실 프랜차이즈 회사를 성장속도가 빠른 우수 프랜차이즈인양 보도하기도 한다. 프랜차이즈에 대한 국내 데이터는 매우 미약한 편이며 이제서야 이분야의 연구와 데이터가 구축이 시작되는 수준에 와 있다. 체인본사가 2,000개가 넘는다고 이야기하지만 정확한 데이터를 갖고 있는 곳은 없다. 지금도 매년 수백개의 본사가 생겨나고, 또 수백개의 본사가 문을 닫고 있는 분야이다.

이런 프랜차이즈 시장의 영세성과 왜곡된 상황들은 프랜차이즈에 대한 환상과 오해를 계속 양산하고 있지만, 아직도 프랜차이즈를 통해 단기간에 돈을 벌수 있다는 부풀린 사례와 잘못된 인식이 남아 있는 실정이다. 그렇다면 짧은 시간에 큰 돈을 벌었다고 이야기하는 프랜차이즈 사업자들은 누구인가? 그들 프랜차이즈 본사의 은행 구좌에는 돈이 잠시 쌓여있었을지 몰라도 그 돈을 낸 가맹점주들은 대부분 파산하였거나 상당한 피해를 입고 고전하고 있다.

그렇다면 그들이 벌었다는 돈은 가맹점주들의 피해와 파산의 대가인 것이다. 다른 사람의 피해와 파산을 바탕으로 돈을 번다는 것은 현행법 적용이 가능하다면 법률적 사기이고, 현행법이 없다 해도 도덕적 사기가 될 것이다. 프랜차이즈는 돈을 벌 수 있는 사업임은 분명하지만 결코 성격 급한 한국인의 체질대로 1~2년 사이에 큰 돈을 벌 수 있는 시스템이 아닌 것이다.

2. 매장이 수백 개 있다고 해서 성공한 프랜차이즈일까?

프랜차이즈 사업이 성공하게 되면 매장이 많아지게 되어있다. 매장이 수십개면 약간 성장한 것이고 수백 개면 상당히 성장한 것이다. 그래서 우리는 매장이 많을수록 성공 프랜차이즈로 점수를 매긴다. 그러나 이런 평가방식은 잘못된 것이다. 부실 프랜차이즈 본사치고 매장 수를 1~2년 사이 100~200개를 넘기지 못하는 회사가 없다.

우리는 7, 80년대 초고속 성장을 거치면서 경제의 양적 성장 만능주의에 물들어져 왔고 이 논리가 예외 없이 프랜차이즈에도 적용되었다. 1년만에 수백 개 오픈하는 프랜차이즈를 무조건 칭찬하기에 이르렀다. 그런데 이런 회사들이 열이면 열 모두 시간이 흐르게 되면 결국 수 많은 가맹 피해자들을 가정 파탄으로까지 몰고 가는 사례가 계속되고 있는 실정이다.

프랜차이즈는 말 그대로 시스템이다. 그래서 양의 문제보다는 질의 문제로 접근해야 한다. 즉 매장수가 중요한 것이 아니라 매장운영의 관리상태가 중요한 것이다. 그런데 프랜차이즈 성장과정에서는 매장운영 시스템에 대한 정확한 평가가 어렵고 상당한 분석을 필요로 한다.

프랜차이즈가 전국적으로 매장확장을 마치기 전까지는 그 프랜차이즈 시스템의 효율성과 완성도를 예측하기가 어렵다. 물론 전문가들은 이 분석을 가능케 한다. 하지만 일반인들의 눈으로 이러한 것들을 찾아내기란 쉽지 않다. 왜냐하면 부실 프랜차이즈 본사들은 일반인이 예상할 수 있는 체크 리스트 10가지 중 9가지는 이미 표면상 갖추고 있기 때문이다.

3. 프랜차이즈, 입문은 쉽고 성공은 어렵다.

왜 이렇게 많은 사람들이 프랜차이즈 창업으로 몰리고 있는 것일까? 그것은 입문이 쉽기 때문이다. 하지만 프랜차이즈로 진짜 돈다운 돈을 번 기업은 아직 손에 꼽는다. 그 얘기는 성공 프랜차이즈로의 도달은 어렵다는 얘기다. 전국적으로 2,000개의 본사를 향해서 늘어나고 있다고 하지만 매년 수백개의 본사가 수시로 문을 닫는다. 본사 업종별 리스트를 가지고 시장조사를 하기 위해서 전화문의를 실시 할 때 보면 없어진 회사가 셋 중에 하나이다. 어느 업종은 한 회사만 빼고 다 없어진 본사도 있다. 법적 규제도 없고 초기 전개의 상식적 접근이 가능한 탓에 열린 문을 통해서 쉽게 창업하고 있는 것이다. 그렇지만 명실공히 성공한 프랜차이즈 본사는 국내에 과연 몇 개나 될까?

 프랜차이즈의 입문을 쉽게 하는 것 중 하나가 법적인 규제가 없다는 것이다. 프랜차이즈 본사 창업 강의를 듣고 수강생 중에서 많이 질문하는 것 중에 하나가 프랜차이즈 본사 창업을 위해서 어떻게 해야 하는가 하는 질문인데 이 질문의 요지는 정부 허가나 세무서 허가 관련 기자재 준비 등 사업허가를 내려면 어떻게 해야 하느냐는 말이다. 그럴 때 대답은 간단하다. 그냥 시작하면 된다. 규제도 없고 자기가 알아서 하면 된다. 이 얼마나 사업하기 좋은 조건인가?

 그 다음은 프랜차이즈로 단기간에 큰돈을 벌었다는 사람들이 신문 지면을 메울 때가 많기 때문이다. 프랜차이즈를 잘 알지 못하면서 단기간에 큰돈이라는 이 두 단어만 기억하는 것이다 하지만 앞에서 말한바와 같이 프랜차이즈 사업에 단기간에 큰 돈은 없다. 아무튼 사업규제도 없고 잘못 알려진 이야기지만 잘하면 단기간에 수십억 이상을 벌 수 있다는 오해와 다른 사업에 비해서 초기 사업비가 적은 까닭에, 이 사업에 많은 사람들이 입문하고 있는 것 같다. 하지만 거듭 말하거니와 프랜차이즈 시스템을 갖춰서 장수 브랜드가 되는 일은 참으로 어려운 일이다.

예를 들어서 보쌈의 경우 1980년대 후반 15개 이상의 프랜차이즈 본사가 있었다. 그 중에서 성공한 프랜차이즈는 놀부보쌈과 원할머니 보쌈 정도이고 나머지 대부분의 회사는 망했다. 그렇다면 그 회사가 혼자 망했을까? 아니다. 수 많은 수 백 개의 가맹점들과 함께 망한 것이다. 이 보쌈 프랜차이즈 역시 입문은 쉽고 성공은 어렵다는 것을 말해주고 있다. 베스킨라빈스가 7년 동안 큰 수익 없이 프랜차이즈를 전개해 나갔다는 이야기는 이런 면에서 시사하는 바가 크다. 그렇다고 베스킨라빈스를 평가절하 해서는 안된다 베스킨라빈스는 초기 몇 년간 큰수익 못낸 것이 당연한 것이다 적어도 저자가 판단하기에는 SPC그룹의 프랜차이즈 시스템은 그 당시 구축되었고, 특히 상권분석 시스템은 국내최상의 시스템으로 오늘날 프랜차이즈 그룹을 이룰 수 있는 초석이 되었다고 볼 수 있다.

당시 이 사업은 국내 스타벅스도 성공시킨바 있는 정진구 사장의 역량과 공로라 판단 된다.

이랜드도 초기부터 돈을 벌지는 못했고, 놀부도 초기에는 프랜차이즈 시스템을 구축하느라 돈을 벌 수 없었으며, 외식 프랜차이즈 시스템의 핵심적 인프라인 센트럴키친을 충북 음성에 짓느라 상당한 규모의 자금을 은행에서 도움 받아야 했다. 은행의 도움이란 결국 은행 빚의 다른 말이 아니겠는가? 지금은 놀부의 경우 부채가 거의 없는 우량 기업으로 알려져 있다. 지금에서야 우량 기업이 되었지만, 초기 성장 과정에선 안정적이기만 한 재무구조를 갖추기는 어려운 것이다.

4. 잘못 알고 있는 오리지널 프랜차이즈 본사

우리는 진짜다운 진짜를 오리지널이라는 한국어가 아닌 영어로 표현할 때가 많다. 젊은 층에선 그것에 대한 반대말로 예전엔 가리지날이라는 말을 쓰기도 했다. 그런데 프랜차이즈도 오리지널 본사와 가리지날 프랜차이즈 본사가 있다.

맥도널드, 던킨, 버거킹 이런 유명 브랜드의 한국 본사들은 오리지널 본사일까, 가리지날 본사일까? 프랜차이즈 관점에서 볼 때 이들은 규모도 크고 체계적이고 시스템도 잘 갖추어져 있지만 오리지널 프랜차이즈 본사가 아니다.

왜냐하면 프랜차이즈의 오리지널 본사는 다음 두 가지 요소를 갖추고 있어야 한다.

첫째, 브랜드 소유권이고 둘째, 직접 구축한 노하우이다. 무슨 이야기냐 하면, 지금의 한국 맥도널드가 남북이 통일되면 북한의 평양에 맥도널드 평양점을 오픈 할 수 있을까? 그것은 아무도 모른다. 왜냐하면 미국 맥도날드본사와 북한 지역에 대한 프랜차이즈 계약을 별도로 체결해야 하기 때문이다. 또 한국에서 KFC가 잘 된다면 베트남에 지금의 KFC 한국 본사가 매장을 오픈 할 수 있을까? 불가능하다. 베트남에 대한 프랜차이즈 권리를 갖고 있지 않기 때문이다. 결국 이들은 브랜드 소유권을 가지고 있지 않다는 것을 말해 주고 있는 것이다.

그렇지만 우리 동네에 있는 둘둘 치킨은 누가 봐도 시스템이 맥도날드에 비할 바가 못 되지만 계속 성장한다면 이 브랜드는 지금의 본사가 평양에도 오픈 할 수 있고 베트남에도 원하면 진출 할 수 있는 것이다.

둘째, 직접 구축한 노하우라는 관점에서 볼 때 지금의 한국 맥도널드나 버거킹은 노하우가 잘 정리된 매뉴얼을 큰 돈 주고 사온 것이지, 지금의 직원들이 시행착오를 겪으면서 반복된 실험과 실패의 과정을 통하여 얻은 노하우가 아닌 것이다. 결국 그들은 매뉴얼을 응용 할 줄은 알지만 직접 구축한 노하우가 아니기 때문에 밑바닥의 브랜드 경쟁력이나 노하우가 없다. 그러나 요즘 사당동에서 시작해서 점차 확산되고 있는 요리주점 업계의 선두주자 와라와라의 경우는 그 메뉴와 매뉴얼의 노하우를 그들이 사당 1호점 때부터 구축해 온 것이다. 그들은 시장 환경이 급변하여 문제를 만났을 때 응용할 수 있는 노하우를 가지고 있다.

이와 같이 우리는 오리지널 프랜차이즈 본사를 잘못 알고 있다. 결국 오리지널로 보이는 맥도날드나 버거킹 등의 한국 본사들은 그런 면에서 가리지날 본사에 불과하며, 그들 역시 미국에 있는 본사에 한국이라는 지역을 가맹한 덩치 큰 지역가맹본사(Area Franchisor)에 불과한 것이다. 프랜차이즈에 있어서 오리지날 본사와 지역가맹본사는 생존 노하우와 세계화 및 사업확장 가능성을 볼 때 큰 차이가 있는 것이다.

5. 과연 불황속 프랜차이즈 전개 가능한가

최근 글로벌 금융불황이 본격화 되면서 문 닫는 점포가 많아지고 있다. 주변에서 들리는 얘기는 돈버는 것은 고사하고 버티는 것만으로 다행이라는 자조적인 표현도 많이 들린다. 그렇다면 지금 과연 우리나라 상권에서 운영되는 점포들은 다 망했거나 망해가고 있는 것일까? 아니다. 그렇지 않다. 그것은 집에 앉아서 수동적으로 정보를 주워듣는 안방 분석가들의 왜곡된 판단이다.

한 예를 들겠다. 여의도에서 불황 전에 100명의 손님이 있었는데 불항 후 70명으로 줄었다고 가정하고 분석해 보겠다. 어떤 상황이 벌어지는가?

위와 같이 식당이 여의도에 10개만 있다고 가정해보자. 계산하기 쉽게 좌석도 실제는 각각 다 다르겠지만 여기서는 10석씩만 갖고 있다고 가정해 보자. 이 10개의 식당은 이미 경쟁력의 순서가 정해져 있다. 정부 공무원이 일일이 나와서 순위를 매기고 들어가지는 않겠지만, 동일 상권 내에는 언제나 아주 잘하는 1등부터 가장 시원치 않는 꼴등까지는 늘 순서가 매겨져 있다.

1등 업소는 좌석이 10개지만 그 좌석이 점심시간에는 다 차고 또 기다렸다가 먹는 사람들까지 감안하면 15~16명 이상의 손님이 다녀간다. 그런 방식으로 따져나가면 2등은 13~14명, 3등은 11~12명, 8등은 5~6, 9등은 4~5명, 10등은 3~4명 정도의 수준까지 떨어진다. 여기서 상위 랭킹 업소는 하위 업소 보다 매출이 3배 이상 높다. 당연히 돈을 번다는 얘기다. 꼴찌는 돈을 못 벌 것이고 유지하기에 바쁜 수준일 것이다. 이때 글로벌 금융불황이 깊어져 점심시간 고객수가 30%가 줄었다고 하자.

그렇다면 70명만이 점심 식사를 하게 되는데 이때 70명의 매장 선택은 금융불황 전과 비교해서 어떻게 달라질까? 골고루 10

여의도 상권	구 분	경쟁력	좌석수	불황전 고객수	불황후 고객수	수익성	
						불황전	불황후
① 불황 前 100명 고객	상위권	1위	10석	15~16명	15~16명	상	상
		2위	10석	13~14명	13~14명		
		3위	10석	11~12명	11~12명		
② 불황 後 70명 고객	중위권	4위	10석	9~10명	6~7명	중	하
		⋮	⋮	⋮	⋮		
	하위권	⋮	⋮	⋮	⋮	하	폐점
		9위	10석	4~5명	2~3명		
		10위	10석	3~4명	0~1명		

개 매장에 7명씩 매장을 찾게 될까? 고통을 분담해야 된다는 국가적 사명감 때문에…… 결코 그런일은 일어나지 않는다. 1,2등 하는 경쟁력 있는 상위매장에는 고객수의 변동이 없다. 그대로 15~16명 또는 14~15명씩 매장을 찾는다. 이런 식으로 하면 상위 3,4위 매장까지 고객의 50명이 다 들어가고 만다. 나머지 20명 가지고 중·하위 매장을 쪼개서 들어가게 되는데 결국 하위 매장은 손님이 거의 없는 심각한 상황을 맞이한다.

결국 하위매장은 문을 닫고 망한다. 중위권 매장은 매출 부진으로 고민이 시작된다. 그러나 상위매장들은 여전히 돈을 번다. 이들은 글로벌 금융불황 속에서도 그 이전이나 이후나 여전히 매출에 별다른 감소가 없다.

만약 이 말이 믿기지 않는다면 여러분이 직접 날을 정해서 시장조사를 해볼 수 있다. 예를 들어 신촌 상권을 찾아가서 그 상권 내에서 동일한 아이템을 정해보자. 갈비집, 식당, 호프집 어떤 종류라도 무방하다. 단 서비스업이나 판매업은 매출상황을 체크하려면 하루종일 계수와치를 눌러야 하므로 혼자는 조사가 어렵다.

그러나 외식은 손님들이 집중적으로 몰리는 메인시간 7~10시 사이에 돌아다녀 보면 얼마든지 체킹이 가능하다. 동일한 시간대에 A주점은 텅텅 비어있는데 B주점은 손님들로 꽉 찬 매장을 발견하게 될 것이다. 동일상권 내에서 동일한 아이템으로 10개 정도의 매장을 돌면서, 먹을 필요까지는 없고 매장을 둘러보고 고객 테이블 수를 파악해 보는 것 만으로도 시장조사는 훌륭히 이루어질 수 있다. 이 때 여러분들은 10개의 매장 중에 2~3개 이상의 매장은 손님들로 꽉 차 있는 것을 발견하게 될 것이다 . 어느 상권을 막론하고 거의 해당이 된다.

 이와 같이 불황은 모든 점포를 망하게 하는 것이 아니라 경쟁력이 없는 점포만 망하게 하는 것이다. 그런데 우리는 왜 다 망하는 것으로 여겨질까? 그 이유 중에 하나는 장사가 잘되는 상위매장의 주인은 장사가 잘된다는 말을 떠벌리지 않는다. 왜냐하면 유사한 매장이 자기매장 근처에 생겨나서 자기집 매출이 줄어들지 모른다는 피해의식을 잘되는 점포의 주인은 늘 갖고 있다. 중위권대의 점포주인들은 매출증대에 고민하느라 잠잠하다.
 하지만 하위 경쟁력의 매장 주인들은 자기들 입장에선 억울하다. 자본주의 시장에서 경쟁의 논리를 적용한다면 경쟁력이 떨어지는 매장을 운영한 대가를 치른 것인데 그것을 인정하고 싶지 않은 것이다. 글로벌 금융불황 전이나 후에 자기는 달라진 것이 없는데 불황탓에 절대 고객수가 줄어서 자신의 매출이 줄었다고 생각하기 때문이다. 그래서 그들은 만나는 사람마다 시키지 않아도 붙잡고 하소연 한다. 금융불황 때문에 매출이 확 줄었고 그래서 망했노라고…….
 그러므로 현재 같은 불황에도 돈을 버는 매장들은 엄연히 지금이 순간까지도 존재하고 있는 것이다. 불황은 모든 점포를 망하게 하는 것이 아니다. 다만 글로벌 금융불황 전에는 7~8등만 해도 유지되던 매장이 불황 후에는 4~5등 안쪽에 들어야 살아남는 것이다.

그러므로 대학에 비유한다면 다 대학에 떨어지는 것이 아니라 7~8등 해야 합격했던 대학을 이제는 4~5등은 해야 합격할 수 있다는 이야기다. 그만큼 경쟁이 치열해졌고 경쟁력을 갖춰야지만 살아남을 수 있다는 얘기지, 장사를 시작하면 언제 망할 지 모른다는 얘기가 아닌 것이다. 그러므로 불황에도 매장 경쟁력을 갖춘 점포는 얼마든지 오픈 할 수 있다.

한 예로 요리 주점 업계를 주도하고 있는 와라와라를 들 수 있다. 2008년부터 금융불황이 시작되었지만, 2009년 들어서 50여개 매장 가운데 대부분의 매장이 선전하고 있으며 매출이 15%~20%내외로 성장하고 있다

뿐만 아니라 가맹점개설 문의도 늘어나 올해 24개 신규 매장 개설이 목표인데 1사분기가 아직 안 지난 현재 12개가 넘는 가맹계약이 이루어졌으며 그 계약자의 대부분은 기존 점주이다. 이는 이랜드가 성장할 당시 기존 점주들이 2~3개씩 매장을 운영한 사례와 유사한 성공 케이스로 볼 수 있다.

II. 프랜차이즈란 무엇인가

1. 프랜차이즈(Franchise)란
2. 프랜차이즈의 형태와 종류
3. 지사의 2가지 형태
4. 체인점이 본사에 납부하는 비용 5가지

II. 프랜차이즈란 무엇인가

1. 프랜차이즈(Franchise)란

 프랜차이즈(Franchise)란 프랜차이즈 회사(Franchisor)가 프랜차이즈를 사는 사람(Franchisee)에게 프랜차이즈 회사의 상호, 영업방법 등을 제공하여 상품과 서비스를 시장에 파는 시스템을 말하며, 이 때 가맹점주(Franchisee)가 프랜차이즈 본사(Franchisor)로부터 받게 되는 권리와 자격을 프랜차이즈(Franchise)라고도 한다.

 간단히 설명하자면, 프랜차이즈는 동일한 브랜드와 동일한 노하우를 사용하여 운영되는 소매 업태라고 말할 수 있다. 우리식으로 표현하면, 간판이 다 똑같고 제품이나 서비스가 같으면 프랜차이즈라고 말할 수 있다.

 근세 프랜차이즈 개념을 최초로 도입한 회사는 미국에서 1850년대 재봉틀을 제조하는 싱거(singer)사가 자사제품의 판매를 위한 자본 확보를 위해 시작했으며, 19세기 말 제너럴 모터

스(General Motors)사가 자동차 소매 아울렛(outlet) 확보를 위한 자본조달 측면에서 프랜차이즈 개념을 도입했었다.

그 후 1950년대 맥도날드, KFC 등의 패스트푸드 업체의 등장으로 외식프랜차이즈가 본격화 되면서 프랜차이즈의 전 세계적인 확산이 계속되어 왔다.

2. 프랜차이즈의 형태와 종류

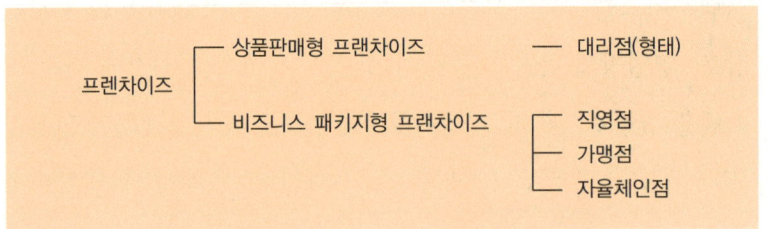

1) **상품 판매형 프랜차이즈**(Product & Trade-Name Franchise or Product Distributing Franchise)

프랜차이즈 회사가 자사의 상품을 일정지역이나 위치를 기준으로 프랜차이지(franchisee)에게 제공하고 팔 권리를 주는 것으로, 브랜드 파워가 강한 상품의 제조회사가 주로 적용하는 프랜차이즈 기법이다. 일반적인 제조회사와 도매업자의 관계보다는 좀 더 긴밀한 관계를 유지하고 프랜차이즈 회사로부터 마케팅 및 기타 서비스를 받을 수 있으며, 일반 도매업자가 여러 회사의 제품을 동시에 취급할 수도 있고 독점으로 판매할 수도 있다. 자동차 딜러, 주유소, 타이어 판매처럼 실제 상품이나 대표적 브랜드를 프랜차이즈화 하여 매출을 일으키는 것으로 국내에서는 SK주유소, 삼성전자 등으로 대부분 대리점의 형태로 국내에 소개되어 있다.

2) 비즈니스 패키지형 프랜차이즈(Business-Format Franchise)

우리나라에서 최근 급속히 발전해 가고 있는 프랜차이즈 사업의 형태이다. 이랜드, 놀부, 파리바게트, 롯데리아 등 우리에게 잘 알려진 익숙한 프랜차이즈 모두가 이 형태의 사업이다. 매장을 패키지화하여 가맹점(Franchisee)를 모집한 뒤 동일한 매장을 통해서만 소비자에게 제품이나 서비스를 판매하는 프랜차이즈 형태이다. 직영점, 가맹점, 자율체인점으로 나누어진다.

(1) 직영점(Regular chain)

프랜차이즈 본사가 직접 매장을 운영하는 방식을 말한다.

이 때 매장에 투입되는 자본과 운영을 누가 하느냐가 관건인데 자본이나 운영 모두 본사가 주체가 되는 경우는 당연히 직영이지만, 자본과 운영이 혼재되는 매장이 생겨나게 된다. 이럴 때의 직영점과 가맹점의 기준은 자본투자가 기준이 아니라 매장운영의 주체가 누가 되느냐에 따라 결정되어야 한다.

예를 들면 맥도날드 수수료 매장의 경우이다. 맥도날드가 직영점으로 입점할 경우 점포를 매입하는 경우는 많지 않다. 또 그 매장을 권리금 얼마에 보증금 얼마 그리고 월세 얼마 하는 식으로 매장을 얻지도 않는다. 적정 상권대의 요지에 있는 건물의 건물주와 얻고자 하는 매장의 계약을 직접 한다. 1층 80평이라고 할 때 이 매장의 인테리어와 설비는 맥도날드 한국 본사의 자본으로 투자하고, 대신 건물주는 매장을 무상으로 임대해 주는 대신 매장에서 발생하는 순이익을 맥도날드 본사와 3 : 7, 2 : 8 하는 식으로 나누어 가진다. 매장 영업이 잘되면 건물주의 수입은 늘어나고, 그 반대면 수입이 줄어드는 시스템인 것이다. 이 경우 건물주는 맥도날드 매장을 갖고 있다고 말할 수는 있어도, 운영한다고 말할 수는 없다.

건물주는 매장을 빌려 주었을 뿐 매장 운영에는 일체 참여하지 않는다. 건물주 입장에서는 그 매장이 만들어지는데 자신의 건물이 투입됐으므로 권리금이나 보증금은 본인이 부담하는 것과 다름없고, 그 경우 지분의 일부를 투자한 것과 같지만, 그래도 이 매장은 가맹점이 아니라 직영점이다.

롯데리아의 경우는 좀 다르다. 롯데리아의 가맹점주는, 보통 40~50대 이상이 많으며, 이들은 30세 전후의 매니저를 뽑아서 본사의 매니저 양성과정을 밟게 한 뒤 롯데리아의 가맹매장의 매니저로 일하게 한다.

　이 때 매니저의 인사권은 본사에 있지 않고 가맹점주에게 있다. 매장운영의 매뉴얼을 충분히 숙지한 매니저가 매장을 잘 운영해 나가고, 또 본사 수퍼바이저의 지시 감독을 받지만, 이 매니저에게 급여를 주는 사람은 가맹점주인 것이다. 이 경우 고객입장에서는 모두가 다 잘 교육받은 직영점의 매니저로 보이지만, 가맹점의 매니저인 것이다. 프랜차이즈에 있어 직영과 가맹의 기준은 매장에 투입된 자본이 아니라 매장의 운영의 주체가 누구냐에 따라 구분되어져야 한다. 그래야 프랜차이즈 시스템을 구축하고 체계화 하는데 기준이 명확해진다.

(2) 가맹점(Franchise chain)

　본사가 아닌 가맹점주가 자본을 투입하고 매장을 직접 운영하는 경우를 말한다. 본사의 기술과 노하우가 가맹점들의 자본과 서로 만나 빠른 속도로 사업이 전개될 수 있는 합리적인 유통 시스템으로 프랜차이즈의 꽃이라 불린다. 흔히 말하는 체인점, 전문점, 가족점등이 모두 여기에 속한다.

(3) 자율 체인점(Voluntary chain)

　상호만을 서로 함께 쓸 뿐 매장내의 상품이나 서비스에 대해서는 전혀 규제나 간섭을 하지 않는 형태의 체인이다. 국내 프랜차이즈 중 동네에서 볼 수 있는 25시마트(편의점)나 키친나라(잡화

체인점)의 경우 자율체인의 형태로 전개 중이다.

3. 지사의 2가지 형태

1) 직영 지사

　프랜차이즈 본사가 지역적인 핸디캡을 극복하기 위해 본사와 동일한 기능을 수행해 줄 사무실을 지방에 개설하는 것으로, 주로 우리나라에는 대구지역, 부산지역, 대전지역에 직영지사를 개설하는데, 이때 지사장 및 모든 직원을 본사의 사장이 임명하고 본사로부터 모든 통제를 받는다. 주로 하는 업무는 지역(영남권, 호남권, 중부권)별 기존 가맹점관리, 신규 가맹 영업 및 점포 개발, 매장 오픈 업무 등을 수행한다.

　실제로 서울이 본사인 경우 부산이나 광주지역에서 매장개설 의뢰가 들어 올 경우 상권 분석과 점포개발을 위해 수시로 지방에 출장가게 되므로, 프랜차이즈 본사는 직영지사의 설치를 필요로 한다.

　이랜드, 파리바게뜨, 롯데리아, 신라명과 등 우수하고 전통있는 프랜차이즈 본사들은 프랜차이즈 시스템의 전문성과 일체성을 위해 이 직영지사 방식을 주로 채택하고 있으며, 아예 직영지사도 두지 않고 본사만으로 전국매장을 관리하는 경우도 많다.

2) 가맹 지사

프랜차이즈가 전국적으로 확대 전개되면서 모든 프랜차이즈 본사는 지역별로 기존 매장을 관리하고 신규 매장을 개설하는 업무를 관장해 줄 지사의 필요성이 대두되는데, 이 때 직영지사를 설치할 경우 사무실 유지비 및 인건비의 부담과 지역에 대한 부족한 정보 등의 단점은 직영지사의 개설을 어렵게 할 경우가 많다. 이 때 이 업무를 대신해 줄 가맹지사를 모집하게 된다.

가맹지사는 지사 가맹비를 내게 되는데 3,000만원~1억원 내외가 많고 상권 밀집도가 높은 영남지역은 높게 받고 밀집도가 낮은 충청지역은 비교적 낮게 받는 경향이 있다. 본사는 이 가맹지사를 통해 일시에 지사 가맹비를 얻을 수 있고, 또 지역별로 직영지사의 업무를 대신해 주면서도 본사의 유지비용이 전혀 들지 않는 장점이 있어 보이지만, 해당 지역에서 본사의 업무를 제대로 수행 할 만한 전문성을 갖추기가 어려워, 새로 가입된 가맹지사가 주먹구구식으로 운영하며, 가맹점 개설 이익 추구에 집중하는 경우가 많이 발생하는 위험한 형태의 운영법이며, 우리나라에서 계속 양산되고 있는 부실 프랜차이즈 본사들이 많이 적용하고 있는 방식이다.

4. 체인점이 본사에 납부하는 비용 5가지

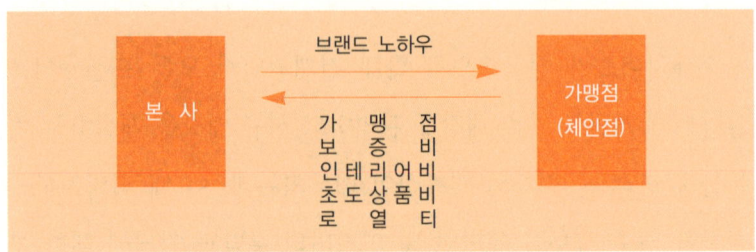

본사가 브랜드 사용권과 노하우를 제공하는 대가로 가맹점은 위와 같은 5가지를 본사에 납부해야 하는 것이 일반적이다. 이를 나누어 설명하면 다음과 같다.

	구분	반환여부	납부액 규모	비 고
1	가 맹 비	반환안됨	500~1,000만원이 주류	
2	보 증 금	반환됨	300~500만원 주류 (보증증권대체)	단, 거래상품이 고가이거나 규모가 큰 판매업은 금액이 수천만원대가 될 수 있고 근저당으로 대신하는 경우가 많음.
3	인테리어비	반환안됨	평당 100~300만원 까지 다양	
4	초도상품비 (초도물품비 : 외식 주방설비비가포함)	반환안됨	수백만원수준이 주류	단, 귀금속 매장 같이 고가가 진열 되는 업종은 수천만원 이상일수 있음.
5	로 열 티	반환안됨	매장 매출비 대비 1~3% 내외	브랜드 파워가 강하면 3%대 이상 접근 가능

1) 가맹비

 가맹비는 본사에 납부하면 돌려받지 못하는 돈이다. 업종에 따라 다르지만 최근 500만원에서 1,000만원 수준이 가장 많이 적용된다. 프랜차이즈에 있어서 가맹비는 본사 프랜차이즈 시스템 확장을 위해서 필요한 재정을 확보하는데 필수적인 비용이 된다. 프랜차이즈 시스템을 구축하는데 꼭 있어야 하는 비용에 해당된다. 그러나 요즘은 가맹비를 받지 않는 경우도 있다.
 가맹비가 없는 경우는 2가지 이다.
 첫째는 가맹비를 받지 않아도 가맹매장이 늘기만 하면 본사의 유통망이 확대되어 본사의 고정 수익에 기여도가 매우 높은 경우이다. 이 경우 가맹영업을 활성화하기 위해서 일시적으로 안 받는 경우도 있다.
 둘째는 지적소유권이나 지적재산권에 대한 가치인정이 미약한 사회 분위기 탓에 가맹 희망자들이 납부한 후 돌려주지 않는 가맹비를 부정적으로 보는 고객 심리에 편승하여 가맹비를 받지 않는 경우이다.

 이런 경우 결국 가맹비에 해당하는 비용을 초도 상품비나 시설비 혹은 인테리어비에 전가시켜 받기 때문에 명목상 가맹비가 없는 것이지 실제 투자 비용이 줄어들거나 본사 개설 이익이 줄어드는 것은 아니다.

오히려 가맹비는 본사의 노하우를 제공하는 것에 대한 대가이므로 이를 정식으로 요구하는 본사가 제대로 된 프랜차이즈 본사일 수 있다. 그 만큼 본사의 노하우에 대한 자신감의 피력이며 고객이 선호하지 않는 것을 알면서도 본사의 노하우 제공에 대한 대가를 당당히 요구하는 본사가 오히려 더 건전하고 바람직한 본사 형태로 운영된다고 볼 수 있다.

2) 보증금

가맹점주가 본사에 납부하는 비용 중에 유일하게 돌려받을 수 있는 것이 보증금이다. 보증금은 외식업의 경우 식재를 공급하는 데 따른 외상공급이 발생하므로 이에 대한 보증금을 본사가 미리 받아 두는 것이다. 그러므로 그 보증금 규모는 대략 200~300만원 내외에서 결정되는 것이 보통이다.

판매업의 경우는 매장에서 판매되는 상품의 외상 공급에 대비한 보증금의 성격이므로 그 보증금의 규모는 배송되는 상품량과 가격에 따라 그 폭이 크다. 보통 수백 만원에서 귀금속 프랜차이즈와 같은 고가의 상품을 취급하는 경우는 수천만 원을 훨씬 웃돈다.

서비스업의 경우는 본사로부터 공급받은 물품이 많지 않은 경우가 대부분이므로 보증금의 규모가 200~300만원 이내에서 결정된다.

그렇다면 보증금은 돌려 받을 수 있으므로 안심하고 본사에 맡겨도 좋은가? 그렇지는 않다. 현재 프랜차이즈 업체의 많은 수가 영세하면 1~2년 정도 단기간의 사업으로 몰아가고 있고 개설 이익을 내고 빠지는 것을 감안해야하며 회사 자체가 없어지는 경우도 생기고 있어, 본사와 거래되는 물품이나 배송되는 식자재를 가맹점이 외상으로 받게 되는 규모를 감안해서, 적정수준의 금액을 많이 초과하는 보증금을 납입해야 하는 회사는 조심해야 한다.

3) 인테리어비

인테리어비는 프랜차이즈에 가맹할 때 어느 아이템이든 50% 이상을 차지하게 되는 가장 높은 비중의 본사 납입비이다. 인테리어비의 책정은 일반인이 접근해서 분석해 낼만큼 결코 쉬운 것은 아니다.

예를 들어 문상을 가기 위해 검정색 양복을 한 벌 사려고 할 때 기획세일해서 판매하는 5만원짜리 양복이나 유명 브랜드의 50~60만원 짜리 양복이나, 둘다 차려 입고 나설 때 얼른 육안으로 구별이 되지 않는다. 두 검정색 양복은 색은 같지만 자세히 훑어 보아야만 안감이나 겉감은 물론 바느질, 단추 등 모든 부분에서 차이가 나는 것을 알 수 있고, 특히 오래 입어 보아야 싸구려 양복과 고급양복의 진가가 서서히 나타나게 되어 있다.

이와 같이 몇십 만원 짜리 양복도 그럴진대 수천 만원을 기본비용으로 하는 인테리어에 있어서는 겉모양은 차이가 나지 않더라도 전문가가 분석해 보면 인테리어의 완성도나 마감재 처리, 목공기술 등의 차이는 확연히 구분된다. 예를들어, 황토색 사각 도기타일의 경우도 이태리 수입품은 평당 10만원 이상 웃도는 수준이지만, 국산 비품(모조품)은 평당 4~5만원 이하로도 시공이 가능하다. 똑같이 50평 매장의 바닥을 시공해 놓았을 때, 칼라는 다 같은 황토색 도기타일이지만, 어느 쪽을 사용하느냐에 따라 타일시공에서만 수백만원의 차이가 날 수 있다는 점을 유의해야 한다.

매장 인테리어에 있어 10평 내외는 그 비용이 비슷하게 소요되는 경향이 있다. 즉 평당 200만원이라고 할 때, 10평 매장의 공사보다 8평 매장의 공사비용이 400만원 싸지지 않는다는 것이다. 그 이유는 8평을 도색 할 때나, 10평을 도색 할 때나 약간의 페인트비만 줄어들 뿐 도장 공사(도색작업)의 인건비는 동일하며, 결국 하루 인건비를 주어야 하기 때문이다.

그러므로 10평 내외의 소형매장은 평당으로 인테리어 비용을 책정하기 어려운 면이 있다. 20평 이상일 경우는 평당가 책정이 충분히 가능하며, 10평 내외 때 평당 150만원이라고 하면, 20평이 넘어가면서부터 어떤 공법과 마감재냐에 따라 달라질 수 있지만 대체로 평당 10만~20만원 정도의 비용이 싸질 수 있다. 70~80평 이상일 때 비슷한 인하요인이 생길 수 있고, 100평 이상일 때도 그 적용이 어느 정도 가능하다. 이처럼 인테리어비는 평수에 따라 평당가가 많이 변동될 수 있다.

40평~50평대의 중형 매장을 기준으로 할 때 평당가가 100만원~120만원 수준이면 기본수준의 인테리어이고, 평당 150~180만원이 넘으면 약간 고급수준이 될 수 있다. 결국, 고급 자재를 쓰느냐가 고급스러움의 관건이 되기에 적은 비용으로 세련되고 고급스런 매장을 만들기란 싼값에 좋은 옷 사기만큼 어려운 일이다. 오히려 의류는 가끔 고급의류를 세일해서 팔기도 하지만, 인테리어는 세일이 없으므로 대부분 투입되는 평당가가 분위기를 좌우한다.

다만 가끔 많은 비용을 들이고도 세련되지 못한 매장이 나올 때가 있고, 적은 비용으로도 정갈하고 깨끗한 이미지의 매장이 나올 때가 있지만, 대부분은 인테리어 평당가에 비례한다고 볼수 있다.

4) 초도 상품(물품)비

초도 상품 또는 초도 물품비라고 불린다. 이 비용은 말 그대로 처음 팔리는 상품의 비용이다. 의류 매장의 경우는 오픈하고 고객을 맞이하기 위해 쇼윈도와 진열대에 놓이게 되는 오픈 초기의 상품들을 말하고, 외식 매장의 경우는 회사로고가 새겨진 그릇, 접시, 물컵 등과 같이 영업을 하기 위해 인테리어 공사 때는 준비될 수 없는 모든 물품들의 대금을 말한다.

외식업의 경우는 주방설비를 위해 필요한 냉장고, 씽크대 등이 여기에 포함될 수도 있고, 인테리어 비용에 포함시키기도 하고, 주방설비비라고 따로 명시하고 본사에서 받는 경우도 있다.

서비스업의 경우 청소 용역 프랜차이즈라면 청소 도구, 장비, 유니폼 그리고 청소약품 등이 이에 해당된다.

5) 로열티

프랜차이즈 회사가 지속적으로 제공하는 각종 서비스와 혜택에 대해서 지불하는 비용이고, 브랜드 파워를 가진 프랜차이즈의 경우는 브랜드의 사용에 따른 비용이라고 할 수 있다.

월 매출의 일정 비율을 적용해 적게는 1%에서 많게는 5%를 넘기는 경우도 있지만, 일반적으로 2~3%가 적용되고 있다.

본사는 이 로열티 수입을 통해서 프랜차이즈 시스템을 운영해 나가는 기본 재원을 마련해야 하는데, 우리 나라의 상황에서는 적용이 어의치 않아 어려움을 겪기도 한다.

예를 들어 청소용역 프랜차이즈의 경우, 가맹점이 수주받아 청소용역을 통해 올리는 매출의 5%를 본사에 로열티로 지급한다고 할 때, 한 가맹점이 월 2천 만원 정도의 매출을 올린다면 월 100만원 정도의 로열티 수입이 본사로 들어오고, 이런 매장이 100개 정도면, 월 1억원 정도의 본사 로열티 수입이 발생한다. 이를 통해 본사는 계속적인 매장 관리와 대량 구매를 통한 적절한 약품과 용품의 공급, 지속적인 개발, 홍보, 광고 등을 수행해 나가는 것이 프랜차이즈 일반적인 시스템이다.

그러나 우리는 가맹점 매출의 허위신고 및 축소신고가 일반화되어 있어 본사가 로열티 수급을 매출대비 몇 %나 순수익 대비 몇 %를 가져가는 것이 현실적으로 어려울 때가 많다. 결국 본사는 가맹점에게 공급하는 약품과 청소도구 등을 통해 마진을 부과하게 되므로, 그 마진을 높이게 되면 가맹점주 입장에서는 비싼 가격의 본사 물품을 공급받기 보다는, 값이 싼 비슷한 약품들을 다른 유통경로를 통해 구입하는 것을 선호하게 된다.

그러므로 본사의 수입 확보는 어려워지고 가맹점은 우선 싼 맛에 일반 사제제품을 섞어 쓰므로 그 회사가 가지고 있는 노하우가 지속적으로 적용되지 못하는 악순환을 계속하게 된다.

판매업 프랜차이즈는 상품을 공급하게 되어 있어 로열티 수급이 안되더라도 공급상품의 물류마진을 통해 큰 어려움을 겪지 않지만, 외식업의 경우나 특히 서비스업의 경우는 그 로열티 수급이 어려운 현실에 있다.

그러다 보니 우리나라는 월 10~50만원 수준의 정액제로 받거나 기본 월 10만원에 매장 평당 5천원씩 책정해서 받거나 아니면, 과거 놀부와 같이 1년 재계약시에 수백만원 수준을 일시불로 받는 경우도 있다. 그러나, 최근 들어서는 매장 매출을 속이기 어려운 카드 사용이 많아지게 되어 카드 월 매출 기준으로 2%, 3% 하는 방식으로 받은 본사가 차츰 많아지고 있어, 매우 고무적이라 할수있다. 우리나라의 경우, 가맹비 납부에 대한 인식은 충분히 형성되어 있고, 로열티 대한 인식은 이제 서서히 형성되고 있는 중이다. 적어도 5년~10년내에는 로열티에 의한 프랜차이즈 시스템 구축이 충분히 가능한 시대가 열릴 것이다.

Ⅲ. 국내 부실 프랜차이즈 본사 선별법 15가지

1. 본사를 파악하라
2. 직영점을 파악하라
3. 가맹점을 파악하라
4. 제조 공장 및 유통라인을 파악하라
5. 매장관리 조직을 파악하라
6. 광고 동향을 파악하라
7. 경쟁업체 확산을 파악하라
8. 법적 계약이 있는가 파악하라
9. 독점 영업권을 파악하라
10. 매장운영의 실태를 파악하라
11. 왜곡 홍보를 파악하라
12. 하청업체 (납품업체) 로부터 평판이 좋은지 파악하라
13. 단일회사가 단기간(1년 전후)에 복수 브랜드를 출점하는가 파악하라
14. 오더맨 시스템이 있는가 파악하라
15. 8도 가맹 지사 시스템

Ⅲ. 국내 부실 프랜차이즈 본사 선별법 15가지

글로벌 금융불황으로 생긴 많은 수의 퇴직자들이 자의반 타의반으로 창업을 원하고 있다. 그 중 대다수가 사업 경험이 없기에 경험이 없이도 창업이 가능한 프랜차이즈를 원하고 있지만, 프랜차이즈 본사의 수가 2,000여개가 넘고, 대다수가 우수 프랜차이즈 회사인양 소개되는 실정에서, 부실본사들을 선별해 가맹하기를 원하지만 그것은 좀처럼 쉽지가 않다. 대부분 프랜차이즈회사의 규모가 영세해서 데이터에 의한 접근이 불가능하고, 또 일반인들이 그것을 체크하기란 쉽지않다.

이러한 부실체인본사를 선별하는 방식을 일반인의 관점에서 벗어나 실제로 운영되고 있는 프랜차이즈 본사들의 속성을 통해 접근하기로 하겠다.

부실 프랜차이즈를 골라내는 2가지 기준점은 첫째는 의도적으로 사기를 치려고 운영되는 회사인가 하는 것이다. 이들은 가맹비와 개설비용 등을 챙기고 어느 순간 없어져 버리거나 고의 파산시키는 본사들이므로 꼭 피해야 할 회사이다.

둘째는 사기를 치려는 의도는 없지만 구조적으로 취약하고 부실하여 성공하지 못하고 주저 앉아 버리게 되는 부실본사이다.

이 두 종류의 본사만 골라내서 가맹할 수 있어도 상당수 피해를 예방할 수 있다.

1. 본사를 파악해라

가맹하고자 하는 프랜차이즈 본사를 파악하는 일은 당연하다 하겠으나 여기서는 대차대조표나 재무제표를 체크하는 접근법을 사용하지 않는다. 그런 것을 제대로 갖추지 않은 본사가 대부분이고 갖추고 있다고 해도 그 내용은 신뢰할만하지 못하기 때문에 현재의 우리의 실정에는 거의 의미가 없다.

1) 대표자와 경영진의 능력

최근 문제가 되고 있는 프랜차이즈 본사 운영자들의 경력은 일반적이지 못하다. 왜냐하면 대기업이나 정상적이고 규모있는 중견기업, 중소기업에서 기본적인 비즈니스 업무를 습득한 사람들이 아닌 경우가 많기 때문이다. 과거의 직업이 의심스럽거나 감추어져 있거나 불분명한 경우가 많다. 특히 예전에는 구두닦이로 시작했다느니 뭐니 하면서 입지전적인 분위기를 연출하는 경우는 문제가 많다. 건실한 프랜차이즈 시스템을 구축하려면 기본적으로 비즈니스를 이해할 수 있는 건전한 마인드의 소유자야 한다.

2) 본사 재정상태, 운영상태

본사의 재정상태 취약성 여부는 그 회사가 거래하는 주거래 은행을 통해서 알아봐야 하지만 그것이 쉽지 않을 경우 정기적으로 거래하는 거래처의 직원을 통해서 대금 결제 상황이나 미수액이나 미수상태 등으로 접근해야 한다. 반대로 오히려 본사가 최근 2~3년 내외의 기간동안 프랜차이즈 사업을 해서 큰 돈을 벌었다거나 빌딩을 지었다거나 하는 경우의 회사도 의심해 봐야 한다.

프랜차이즈 사업은 정상적으로 장수하는 브랜드를 만들기 위해서는 창업이후 2~3년 내에는 큰 수익을 올릴 수 없기 때문이다. 재무구조를 양호하게 꾸려갈 수도 있고 직영매장 사업을 통해 수익을 낼 수는 있어도, 2~3년 사이에 가맹사업으로 돈을 벌어 빌딩짓는 일은 정상적인 프랜차이즈의 경우는 불가능에 가깝기 때문이다. 본사의 재정상태가 너무 취약하면 부실 프랜차이즈의 가능성이 높아지기 때문이고, 1~2년사이 큰 돈을 벌었다는 기업은 위험하기 때문에 오히려 그 중간의 회사가 더 적정하다고 볼 수 있다.

2. 직영점을 파악하라.

1) 재무상태 파악이 가능하다.

본사가 1호점은 직영으로 운영하며 가맹사업을 시작하지만 재정적으로 취약해지면 먼저 처분해 버리는 것 중의 하나가 직영점이다. 그러므로 직영점이 없다는 얘기는 본사의 재무구조가 취약할 가능성이 높으며 직영점이 여러개인 본사는 재무구조가 튼튼한 편이다.

직영점의 고정적인 월수입이 재정에 도움이 되고 직영점 자체의 자산 가치가 재무 구조의 버팀목이 되어 주기 때문이다.

중형 프랜차이즈에 있어 A급 매장의 경우 외식매장 40~60평 정도라면 최소 2~3억의 자산가치가 있다고 볼 수 있다. 그러나 본사가 얘기하는 직영점이 몇 개 있다, 어디에 있다 하는 말은 액면 그대로 믿을 수 없는 경우가 많다. 확인 작업을 해야 한다. 이를 쉽게 파악하려면 본사 직영점의 매니저들은 잘 교육받은 30대 전후의 젊은 매니저가 대부분이므로, 아주머니가 운영하거나 그와 비슷한 분위기의 매장을 직영점이라 소개할 경우는 의심하면서 확인 작업을 해 볼 필요가 있다.

2) 노하우 축적 여부를 판단할 수 있다.

매장이 수십개 혹은 그 이상이라 해도 가맹점을 통해서는 데이터를 얻을 수 없다. 가맹점들도 장부정리도 하고 매출체크도 하지만 분석적 접근이 아닌 주먹구구식 수준에서 그칠 때가 많고 자기 매장의 수익을 극대화하는 기준에서 자료축적을 하기 때문에 본사가 얻고자 하는 데이터와는 거리가 멀다. 예를들어 외식매장의 경우 시간대별 체크, 메뉴별 체크, 객단가, 테이블 단가, 요일별 분석 등이 기본적으로 필요하지만 가맹매장이 이러한 것들을 일일이 체크하며 운영하는 일은 드물고, POS시스템이 있어도 세원노출을 꺼리므로 정확히 사용하지 않을때가 많다.

보통은 하루 매출액을 적고 경비지출을 적고 하는 식으로 돈의 흐름중심으로 가맹점주들은 장부 작성을 하게 된다. 본사가 필요한 데이터는 그와는 성격이 다르다. 남녀별 이용비율, 메뉴별 판매 동향, 계절별 판매 경향 등 수많은 분석적 접근을 통해서 신메뉴를 개발하고 판매 적정가격을 책정하고 고객 관리기법을 개발해야 한다. 또한, 기존의 매장별로 대학가 매장, 일반상권 매장, 오피스 밀집매장, 주택가 근접매장, 10대 중심의 상권 매장, 20대 중심의 상권 매장, 연령층 혼용상권 매장 등 다양한 데이터를 확보한 뒤 분석하고 마케팅전략을 수행해야 하는데, 본사가 일반 가맹점에게 이런 데이터 작업을 병행하면서 점포운영을 해줄 것을 요구하지만 현실적으로 어렵다. 실제 요구한다 해도 그 정확도가 매우 떨어진다.

결국 본사 직영점 매장의 운영을 통해서만 이러한 정확한 데이터 분석작업을 할 수밖에 없다. 그러므로 프랜차이즈가 직영점이 없이 계속 운영되는 경우는 어쩔수 없이 주먹구구식 접근을 할 수밖에 없다. 이런 식으로는 본사 노하우의 축적을 기대할 수가 없게 된다. 이와 같이 직영점의 운영 여부를 통해 해당 본사의 노하우 축척 정도와 지속적 개발의 접근 수준을 파악할 수 있다.

3. 가맹점을 파악하라.

프랜차이즈 본사를 찾아가면 그들이 주로 모델 매장을 보여주는 곳은 본사가 직접 경영하는 직영점이나 본사와 좋은 관계를 맺고 있는 가맹점이다. 이런 매장은 방문해 봐야 당연히 영업상태가 좋고 가맹점주의 본사에 대한 평가도 호의적이다. 이런 곳만을 방문한다면 그 본사에 대해 무엇을 제대로 얻겠는가?

약간 다른 방법으로 접근해 볼 수 있다. 우선 본사의 영업담당자에게 가맹점 리스트를 달라고 요구해 본다. 매장명과 전화번호까지 나와 있는 리스트를 본사가 순순히 준다면 그 프랜차이즈 본사는 일단 기본적인 신뢰를 주어도 된다. 제대로 된 가맹매장 리스트를 주지 않는 프랜차이즈 본사는 가맹하지 않는 것이 좋다. 그들이 밝힐 수 없는 치명적인 약점이 가맹점 리스트에 들어 있기 때문이다. 부정적인 평가와 매출을 보이는 가맹매장이 어느 프랜차이즈나 정도의 차이일 망정 섞여있게 되어 있다. 10개의 매장이 있다고 할 때, 한 두 매장은 매출이 부진하거나 부정적 요소가 있어도, 나머지 8~9개의 매장은 매출이 좋고 그 가맹점주들의 만족도가 높다면 그 가맹 매장 리스트를 안줄 리가 없기 때문이다. 그러므로 그런 부실 프랜차이즈 본사를 찾아내기 위해서는 가맹점 리스트를 꼭 요구해야 한다.

1) 4명의 가맹점주는 좋게 말하고 1명의 가맹점주는 악담을 할때

우선 본사 소개를 받고 모델 매장을 가보고 난 후에도, 본사 직원과 동행하지 않고 본사가 추천해 주지 않는 매장을 5군데 정도 체크해야 한다. 가맹점 리스트를 본사가 줄 경우 그 리스트에 따라 찾아서 방문하면 수월하지만 본사가 리스트 제출을 꺼리는 경우 필자는 가맹하지 말 것을 권유한다.

그래도 가맹의사를 계속 가지고 있는 경우라면, 한 개의 매장만 알아내면 본사의 도움없이 5개의 매장의 방문이 가능하다. 가맹점주들은 최소한 2~3개 이상의 다른 가맹점주들과 전화연락이나 왕래를 하며 정보교환도 하면서 운영을 하기 때문에, 한 매장의 가맹점주만 알아내면 그 가맹점주에게 부탁해서 연속적으로 다른 매장을 알아낼 수 있기 때문이다.

하지만 이런작업을 통해서 가맹매장을 접근해야만 하는, 자기

회사 정보에 대해 폐쇄적인 분위기의 프랜차이즈 본사라면 그 이전에 가맹을 포기하는 것이 현명하다. 아무튼 본사도 모르게 5개 정도의 매장을 방문했을 때 5개의 매장 모두가 운영상태가 우수하고 가맹점주들의 적극적인 권유와 호의적인 본사 평가가 있었다면 아무 문제 없겠지만, 이미 유명해서 잘 알려진 몇몇 브랜드를 제외하고 이런 평가를 받는 경우는 매우 드물다

그럼 어떻게 접근해야 하는가? 우선 5개 매장을 평균으로 할 때 4개 매장 정도가 우수하고 1개 매장 정도가 부정적이라면, 부정적인 요소가 가맹점주의 개인적인 운영자질요소일 수 있다는 것을 간과하지 말아야 한다. 프랜차이즈 시스템이 부실하거나 브랜드 경쟁력이 없으면, 본사가 알려주지 않고 무작위 추출한 5개의 매장 중 4매장이나 우수 매장으로 평가 될 수 없기 때문이다.

특히 가맹점주의 운영자질이 부족한 경우, 특히 연령이나 학력, 경험의 부족보다는, 가맹점주의 개인적 성품과 자질 마인드가 부족한 경우 그들은 자신의 단점을 감추기 위해 본사를 과도하게 비방하는 사례가 자주 발생한다. 특히 본사에 대해 냉정하게 분석적으로 설명하지 못하고 감정적으로 평가하는 경우는 선별해서 들어야 한다. 물론 여기서는 4개 매장 가맹점주의 평가는 우수한 편인데 1개 매장점주가 그럴 경우를 말하는 것이다.

왜냐하면 성공가능성이 높은 좋은 아이템인데 4명의 성공 가

냉주의 말을 뒤로 한 채 1명의 부실한 가맹점주의 부정적 평가로 아깝게 놓치는 사례가 있기 때문이다. 이런 경우는 2~3매장을 더 방문해서 1명의 부정적 의견을 피력한 가맹점주의 의견과 일치하는 의견을 내는 매장이 나오면 가맹계약체결은 유보해야 한다. 그러나 새로 방문한 2~3매장이 비교적 양호하거나 우수하게 운영되고 있다면 1명의 부정적 평가를 하는 가맹점주의 의견은 무시하고 가맹계약 체결을 체결해야 시간에 지난 후에 후회하지 않는다.

2) 가맹 매장의 수가 몇 개는 되어야 안전한가?

사실 이 부분은 꼭 필요한 질문이지만 현재 우리나라의 프랜차이즈 업계 상황에서는 별 의미가 없다. 가맹희망자들이 피해야 할 프랜차이즈 본사의 유형은 2가지다. 첫째, 사기 프랜차이즈 본사이고 둘째, 부실 프랜차이즈 본사이다.

사기 프랜차이즈 본사는 피해야 할 첫번째 대상이지만 이들은 넓은 사무실과 많은 직원은 기본이고, 가맹점의 확산이 8도 가맹지사 시스템과 오더맨 시스템으로 순식간에 이루어져 몇십개 매장을 확보하는데 한 달도 안 걸리는 경우도 많다. T박스라는 한 장난감 판매 프랜차이즈의 경우 가맹영업개시 2주만에 40개가 넘는 가맹점 계약을 체결했고 6개월만에 250개를 개설했다.

물론 8도 가맹지사 시스템과 오더맨 시스템이 있어서 가능한 초스피드 개설이었다. 99년 상반기부터 6개월간 가맹사업이 전개되고 그 이후부터는 이 T박스 개설에서 손을 떼고 또 다른 브랜드로 프랜차이즈 사업을 계속 전개했던 케이스이다. 기존의 250개 매장의 장난감 상품 공급을 기존의 장난감 재래 도매상이 맡아서 계속 공급하니까, 표면상 문제가 발생하지 않을지 모르지만 가맹점들은 본사의 마케팅과 판촉 전략 등이 계속 지원되는 프랜차이즈 회사로 알고 가맹매장을 오픈했는데 본사가 이 사업에서 철수했으므로 250개 매장들은 독자적으로 경험도 없는 장난감 시장에서 생존해야 하는 상황에 직면하게 되었고, 대다수 매장의 운영이 어렵게 되었다.

　이러한 사례가 비일비재한 것이 우리의 현실임을 감안 할 때 가맹개설에 도움이 되는 가맹점의 매장수는 과연 몇 개라고 말해야 좋은것인가? 다만 정상적으로 프랜차이즈를 전개하는 회사의 경우 약 10~20개 까지는 주변 친지나 인맥을 통해 오픈이 가능하지만 전혀 모르는 제3자를 통해서 특히 기존 가맹점주의 소개로 또 다른 가맹점주가 생겨나는 시기는 적어도 가맹매장수가 소형 프랜차이즈, 중형 프랜차이즈에 따라 다르겠지만 20~30개 내외 일때가 기존 가맹점주를 통한 소개에 의한 객관적 오픈이 본격화되기 시작하는 매장수라고 볼 수 있다.

4. 제조 공장 및 유통라인을 파악하라

요즘은 많은 분야에서 아웃소싱이 일반화 되는 추세이지만 프랜차이즈에 있어 아웃소싱은 신중하게 단계적으로 접근해야 한다. 우리나라 현실에서 아직은 프랜차이즈가 로열티 수익을 내는 시스템의 가동이 쉽지 않으므로, 본사 고정수익의 창출을 위해서는 유통수익 시스템의 가동이 필수적이다. 이것이 가동되지 않으면 본사는 오로지 신규 가맹점의 개설이익에만 본사수익을 의존하게 되어 경영의 안정을 찾지 못하고 부실화되는 길을 걷거나, 사기 프랜차이즈 회사와 같은 파행 경영을 하게 되어있다.

두산물류나 CJ물류와 같은 체계적인 물류회사들은 매장의 수와 배송물량이 일정한 수준이 되지 않으면 물류를 대행해 주지 않는다. 중소물류회사들은 봉고차 2~3대를 가지고 운영하는 소규모 유통회사에서부터 봉고차를 40~50대씩 갖추고 있는 규모가 제법 큰 물류회사도 있지만, 이들의 물류 시스템은 주먹구구식 수준일때가 많고, 지입차량의 형태로 이루어져 있어 대다수가 각자의 이익을 쫓는 차량들의 집합이라는 점에서, 수준 높고 효율적인 물류배송 체계와는 거리가 있다.

이런 회사들과 손잡고 프랜차이즈를 1호점에서부터 전개해 온 것이 호프 광장류의 프랜차이즈들이다. 이들 호프 광장체인 본사들은 대부분 유통에는 처음부터 손을 대지 않고 유통업자에게 일

임시켜서 골치아픈 물류에 개입하지 않았다. 주류는 주류도매상에서 공급하고 안주류는 봉고차 유통회사들이 공급하는 효율적인(?) 시스템을 구축하게 된다. 이들이 원하는 주 수입원은 가맹비와 인테리어비이다.

이들은 인테리어 공사를 직접함으로서 신규 매장마다 공사를 통해 수익을 낸다. 인테리어 공사의 평균 마진은 공사에 따라 다르지만 전체 공사비의 30~40% 내외이다. 저렴하게 시공해줘도 20~30%의 마진은 바라볼 수 있다. 최근은 이 마진율은 줄어드는 추세에 있다. 맥주 광장과 같은 프랜차이즈는 매장이 40~50평 이상 80~90평을 넘길 때도 많아 인테리어비를 평당 120만원 정도만 잡아도 수천만대의 이익창출이 가능하다. 따라서 2~3년의 단기간에 400~500개의 공사를 해내면 인테리어 공사의 기본 마진이 100억 내외를 가능하게 한다.

그러므로 프랜차이즈를 해서 빌딩 지었다는 이야기가 가능해진다. 하지만 그런 매장들 중 지금도 매장 영업을 잘 유지하고 돈을 벌고 있는 매장이 몇이나 되는가? 대다수가 문을 닫았고 밀물처럼 오픈했다가 썰물처럼 폐점한 매장이 곳곳에 널려 있다. 이런식의 사업은 프랜차이즈 사업이라고 할 수 없다. 그것은 창업알선업에 불과하다. 이런 류의 체인 본사가 몇 백개 매장을 개설해 놓고 빠지는 이유는 단 하나이다. 몇 백개 매장을 갖고 있어봐야 아무 수익이 없기 때문이다. 맥주는 각 주류 도매상이 대주면서 수익을 내고 안주류는 봉고차 유통회사들이 알아서 공급하고 수입을 낸다. 프랜차이즈 본사가 수익을 낼 수 있는 길은 없다. 앞에서 언급한 것처럼 우리나라 실정에 로열티를 거둬들이는 일은 아직도 쉽지만은 않다. 설령 거두어 들인다해도 월 50만원 수준이상의 로열티 지불은 현실적으로 가맹점주의 부정적 분위기로 쉽지 않다. 매장당 30~40만원씩 200개 매장이라면 잘 걷혀야 월 6,000만원~8,000만원의 수입인데, 이 비용으로 전국적으로 퍼져있는 200개의 매장을 관리하는 데는 턱없이 부족하다.

결국 본사는 관리를 계속할 경우 적자 행진을 하게 되어있다. 이런 상황을 이미 알고 이들 본사들은 신규 가맹을 통한 개설이익만을 추구하고 그 매장개설 사업이 끝나면 손을 떼서 다른 사업에 뛰어들어, 경험 없이 창업한 수 백개 가맹매장을 아비없는 고아로 만들어 버린다. 이들은 가맹매장의 매출이 아무리 높아도 본사가 수익을 올리는 일과는 무관한 것을 알고 있기에 프랜차이즈 매장개설의 핵심인 상권과 목이라는 입지분석에는 별로 신경 쓰지 않는다. 인테리어 공사만 따내면 수익창출이 가능하기에 여기에 초점을 맞춘다. 예비 가맹희망자들은 잘되는 매장 몇 군데만 돌아보고 그들의 감언이설에 속아 전혀 엉뚱한 상권과 목에 수천만원의 인테리어비를 쏟아부어 공사를 시작하고 오픈하지만 이런 매장이 지속적인 매출을 올리기는 어렵다.

과거 이런류의 호프광장 체인점들은 소형 프랜차이즈가 아닌 거의 중형 프랜차이즈이다. 이들 매장은 꼭 중형 일반상권이나 중형 특수상권에 입점해야 장수 할 수 있는데, 소형상권에 입점하게 되면 구조적으로 매장매출이 부진한 상황에 몰린다. 가맹희망자들에게는 상권을 선별하는 안목이 없다고 봐야 한다. 번화가를 보고는 상권이 좋다고 다들 얘기하지만 신촌 종로같은 번화가에 프랜차이즈를 개설하는 사람은 극소수이고, 대부분 투자비용의 부족으로 중형상권을 찾거나 아이템에 따라서는 소형상권을 찾아야 한다. 현장에서는 중형상권, 소형상권의 선별이 애매한 경우가 많이 발생한다. 이런 경우 예측가능한 모든 경우의 수를 모두 적용해서 입점여부를 분석해야 하는데 이는 프랜차이즈 전문가들의 몫이다.

아무튼 프랜차이즈 본사가 제조라인을 갖고 있지 않거나 유통라인을 갖고있지 않으면, 본사 고정수익 창출이 어려워지는 구조를 갖게 되어 이제까지 설명한 구조적 부실 프랜차이즈로 전락하기 쉽다. 그러므로 프랜차이즈 초창기부터 물류는 직접하는 회사들이 건실한 출발을 하고 있다고 볼 수 있다.

5. 매장관리 조직을 파악하라.

프랜차이즈 매장 확산의 키(key)는 매장관리에서 비롯된다. 여기서의 매장관리는 직영 매장의 관리도 포함되겠지만 특히 가맹매장의 관리를 말한다. 이런 매장을 관리하는 관리자를 수퍼바이저(supervisor)라고하는데, 이 수퍼바이저는 잘 정비된 프랜차이즈 조직에서는 매장매니저를 거쳐서 선발된 자로 매장운영을 꿰뚫어 보는 자로 선발되어야 한다.

하지만 우리의 프랜차이즈 현실에서 이런 조직을 제대로 운영하는 프랜차이즈는 롯데리아를 비롯해 몇몇에 지나지 않는다. 대다수의 프랜차이즈 본사는 인력 부족의 상황에 놓여 있어, 이 수퍼바이저가 매니저를 거치지 않은 경우가 다반사이기에 수퍼바이저의 매장영업 및 운영지도 방침을 가맹점주가 따르고 수긍하기가 어려워진다.

전문성이 좀 떨어지더라도 가맹매장을 정기적으로 방문해서 가맹매장의 컴플레인과 요구사항을 본사가 수렴해 주기를 바라지만, 이미 오픈된 매장의 수퍼바이저 방문주기나 횟수가 너무 뜸해서 가맹점주의 불만이 많은 것이 현실이다. 본사 수익입장에서는 당장 수익과 연관된 가맹영업이나 이와 관련된 인테리어 공사, 오픈 지원 등이 급한 현안이므로 가맹 매장관리를 도외시하는 경우가 너무 많다.

이때 가맹점주들은 이런 반응을 보일 때가 많다. 본사에서 우리 매장에 자주 방문해서 판촉지원을 해주고 매장관리 지도를 잘 해주어서 가맹점주를 만족시켜주면, 주위의 신규 가맹점주를 소개해줄 사람이 있는데 본사가 이걸 놓치고 있구나하는 생각을 하는 경우가 많이 나타난다. 이런 상황에서 본사는 기존 매장을 돌

보지 못한 채, 가맹할지 안할지 불확실한 가맹희망자를 찾는 업무에 몰두하는 효율적이지 못한 프랜차이즈 영업이 전개될 때가 있다.

수퍼바이저에게는 기본 업무와 매장방문 보고서 작성 및 분석과 매장 방문후 사후조치 업무가 있기 때문에 많은 수의 매장을 관리하기가 어렵다. 보통 1명의 수퍼바이저가 정기적으로 방문하여 관리 할 수 있는 매장은 다음과 같다. 소형 프랜차이즈와 중형 프랜차이즈의 관리되는 기본 매장수가 다르다. 소형 프랜차이즈는 보통 매장규모가 작아 체크사항이 적고 간단한 반면, 중형 프랜차이즈는 매장이 중대형화 되어 있어 체크사항이 많고 복잡한 면이 있고, 소형 프랜차이즈는 소형 상권별로 입점해서 매장 밀집도가 높아 동일 지역에 멀지 않은 위치에 연속적으로 오픈되어 있어 매장 방문관리에 효율성이 높다. 반면, 중형 프랜차이즈는 매장들이 소형 프랜차이즈에 비해 분산되어 있어 많은 매장을 관리하는데 물리적 제약이 따른다. 한 수퍼바이저가 몇개 안되는 매장을 자주 체크하고 관리하는 것이 이론상 최상의 수퍼바이징이지만, 본사 관리비용을 감안할 때 최대한의 효율을 내며 관리할 수 있는 매장의 수효는 중형 프랜차이즈의 경우 수퍼바이저 1인당 20개 매장 내외이고 소형 프랜차이즈의 경우 약 2배인 40개 내외의 매장이 된다. 물론 이보다 매장수가 적으면 더 잘 관리할 수 있고 이보다 많아도 관리가 불가능한 것은 아니지만 아예 안 하다시피하는 우리의 프랜차이즈 현실에서 이 정도의 수퍼바이저 접근만 이루어져도 양호하다고 할 수 있다. 본사의 재무구조가 허락된다면 이보다 더 적은수의 매장을 관리할 수 있다면 최상이다.

대략 이정도 수준에서 해당 본사의 수퍼바이저를 통한 관리를 파악해야 하는데, 본사에서 가맹영업할 당시에 대부분 매우 자주 방문한다고 얘기하지만 다 신뢰하기 어려울 때가 많으므로, 가맹매장 방문시 기존 가맹점주를 통해 수퍼바이저의 방문주기를 직접 체크해야 한다. 통상 한달에 한번 이상 정기적으로 수퍼바이저가 본사에서 오고 있다면 우수하다고는 할 수 없어도 양호한 수준이며 격주로 온다면 우수상 수준이라고 할 수있다. 여기서 수퍼바이저의 방문과 물류배송을 위한 배송차량의 방문은 구분되어야 한다.

6. 광고 동향을 파악해라.

프랜차이즈를 잘못 이해하고 있는 사업자들의 프랜차이즈 전개 방식은 간단하다. 1호점에서 그 매장이 괜찮게 운영되면 신문에 광고를 내서 2~3년 내에 수백개의 매장을 개설한다는 것이다. 한 매장당 개설 수익은 다르겠지만 최소한으로 잡아도 수십

억에서 백억대의 수익을 계산상 바라볼 수 있다. 대다수가 이런 프랜차이즈를 꿈꾸며 이 사업에 참여하는 경우가 많다. 그러므로 1호점 오픈할 때부터, 심지어는 1호점의 모델매장도 없는데 신문에 광고부터 내는 사례도 확인된 적이 있다. 한번은 아이템의 운영방식을 확인하려고 신문 광고에 나온 전화번호로 문의했더니, 가맹점 및 전국지사 모집이라고 나와 있던 그 광고에 나온 프랜차이즈 본사로부터 아직 1호점은 없고 이제부터 만들려고 한다는 얘기를 듣고 놀랐던 적이 있다.

    이런류의 프랜차이즈 사업자들에게 광고는 필수이며 이 사업의 생명과 같다. 광고가 없으면 사업전개가 안된다. 그러나 프랜차이즈는 가맹영업 광고 없이도 우수한 프랜차이즈가 될 수 있다. 이랜드와 파리바게트, 놀부가 그 대표적 사례이다. 이런류의 프랜차이즈 본사의 광고공세는 대단하다. 예전에 8대 일간지에 한날 동시에 5단통 크기의 광고를 모두 낸 프랜차이즈 회사도 있었다. 물론 그 사장은 사기 혐의로 구속되었고 그 회사는 고의부도로 없어져 버렸다. 가맹점들도 거의 사라져 버리고 극히 일부만 군데군데 남아 매장영업을 유지하고 자체적으로 꾸려가고 있는 실정이다.

1) 지나친 광고는 본사의 재정 손실로 이어진다.

TV를 통해서 브랜드를 런칭하는 프랜차이즈는 위험하다. 프랜차이즈는 TV광고를 통해 런칭해서는 안 된다. 1호점 매장을 통해서 그 매장이 폭발적 매출 운영이 된다면 그 자체가 구전을 통한 광고 효과가 되어 준다. 우리는 사인보드를 통해 광고를 접하기도 하고 그 광고탑 회사에 비용을 지불하여 광고를 내기도 한다. 프랜차이즈는 매장의 간판과 매장의 외관 자체가 광고가 된다. 굳이 우리 브랜드가 우수하다는 말이 필요 없다. 고객의 이용 밀도와 좌석점유율이 그 브랜드의 모든 것을 말해주므로 사실 별도의 광고가 필요 없다고도 할 수 있다.

신문·잡지에 광고를 내서 가맹영업을 하는 경우에 있어, 8도 가맹지사 시스템과 오더맨 시스템을 동시에 가동하는 창업 알선형 회사에서는 광고를 통해 매장개설 수익을 일단 올릴 수는 있다. 나중에는 부실화되겠지만, 프랜차이즈의 본사는 신문사에 1,000만원 이상의 광고비를 주고 5단통 크기의 광고를 게재해도 불과 몇건 계약을 체결하지 못한다. 지역마다 지사가 없기 때문에 한 지역(예를 들어 서울경기지역)에 집중해서 전화문의와 상담에 응하거나 지방일 경우 성사여부가 불확실한 그 1건을 위해 영업 담당자들이 지방출장을 가야 하기에 한 광고를 통해 얻을 수 있는 개설이익이 충분하지 못하다.

어떤 경우는 한건의 계약도 체결하지 못하는 경우가 발생하는데 이런 때는 광고비 1,000만원 이상의 비용은 날아가고 만다. 그러므로 TV광고는 물론이고 신문광고가 지나치면 본사의 재정

손실로 이어져 본사 재무구조를 취약하게 몰고간다.

2) 광고를 통해 부실 브랜드 찾기

첫째, 매주 나오는 광고의 프랜차이즈 본사는 거의 부실하다.

둘째, 조선, 중앙, 동아의 3대 매체에 자주 등장하면 부실 브랜드 가능성이 매우 높다.

실제로 우수한 프랜차이즈는 기존 가맹점주를 통해서 소개받아 가맹계약을 체결하므로 광고가 거의 필요없다.

파리바게뜨의 경우 99년도 한 해 동안만 약 200개가 넘는 신규 매장이 개설되었다. 매월 대기업 연수원을 빌려서 신규 가맹점주 교육을 실시하였는데 이들 중 신문광고나 직접적인 가맹영업 광고를 통해 가맹한 사람은 200명 중 단 한명도 없었다. 필자가 그 기간 매월 프랜차이즈 특강을 실시하면서 파리바게뜨 신규점주들을 조사했었다. 물론 파리바게뜨는 브랜드 이미지 구축과 유지를 위한 TV광고를 하지만 제품광고이지 가맹영업 광고가 아니다.

파리바게뜨는 20년을 넘긴 장수 프랜차이즈 회사로서 현재 1,800개가 넘는 매장을 전개해 왔다. 아직 어떤 식으로든 직접적인 가맹영업 광고를 낸 일이 거의 없다는 점에서 가맹영업 광고가 우수 프랜차이즈의 사례에서는 찾기 어렵다는 것을 입증해 주는 한 예라 하겠다. 이랜드, 놀부, 베스킨라빈스 등도 마찬가지 사례이다.

7. 경쟁업체 확산을 파악하라.

어떤 아이템이 성공하기 시작하면 급속도로 유행하여 유사한 아이템이 확산되는 현상이 많이 일어나고 있다. 소위 요즘 '뜨고 있다'고 표현되는 업종의 확산을 긍정적으로 보는 시각이 많이 있지만 프랜차이즈에 있어서는 이 부분을 어떻게 받아들여야 하는가? 90년대 후반 육영탕수육이 히트를 친일이 있다. 당시 중국집에서 만오천원이 넘는 탕수육을 5,000~6,000원 수준에서 배달까지 해주는 통에 잠시 수요가 급증했었다. 더불어 챠우챠우탕수육, 차이나 탕수육, 띵호와 탕수육 등 많은 탕수육 브랜드가 탄생했다.

이 시점에서 보면 탕수육 아이템이 뜨고 있었고 유사 경쟁업체가 우후죽순처럼 생겨나고 있었다. 이것을 프랜차이즈 가맹 희망자들은 어떻게 보아야 하는가? 지금 육영탕수육은 물론, 다른 탕수육 배달점도 온데간데 없이 거의 없어지고 말았다. 경쟁업체가 빠르게 확산되는 것은 노하우가 없고 모방이 용이하기 때문이다. 프랜차이즈는 노하우 사업이다. 노하우가 없거나 약한 프랜차이즈는 결국 단명하게 되어 있다. 경쟁업체가 확산되는 것을 업종이 뜨고 있다는 시각으로만 보지 말고 그 이면의 위험성을 점검

해 보아야 한다.

8. 법적 제약이 있는가 파악하라.

법적인 제약이 있는 아이템인 경우 본사는 이제 곧 법조항이 풀릴 것이라고 하며 가맹영업에 끌어들이지만, 법적인 문제는 정부차원의 접근으로 해결해야 할 문제이므로 제약이 따르는 사업은 시작하는 것을 보류하고 기다리는 것이 좋다. 과거에 문제가 되었던 전화방이나 성인용품점 등이 그 예이다.

9. 독점 영업권을 파악하라.

1) 한 상권에 한 개가 원칙

한 상권에 한 개씩 입점할 수 있도록 상권보호를 명시하는 조항이 가맹계약서에 있어야 하며, 없을 경우 이 조항을 명시할 것을 요청해야 한다. 요청이 명쾌하게 받아 들여지지 않는 프랜차이즈 본사는 프랜차이즈 상권개발에 대한 기본 마인드가 부족한 회사로 보아야 하고 계약을 체결하지 않는 것이 좋다.

2) 한 상권에 두 개의 매장이 들어가면 안되는가

한 상권에 1개가 들어가는 것이 원칙이지만 신촌, 홍대, 강남과 같은 대형상권은 2개이상 입점해도 매장영업에 무리가 따르지 않는다. 중형 프랜차이즈는 대형 상권에 2개 수준의 복수 입점이 가능하다. 또, 소형 프랜차이즈는 중형 상권에 입점할 수만 있다면 2개 수준의 복수입점이 가능하다. 신촌같은 대형상권에 먼저 입점했다고 그 상권전체를 혼자 독식하려고 하는 경우는 가맹점주 개인의 과도한 욕심이다.

대구의 대형상권인 동성로 상권 같은 경우도 2개 정도의 중형 프랜차이즈 매장개설이 충분히 가능하다. 그러므로 본사는 이러한 상권분할에 주의해야 하며 가맹점주와 상호 명확히 하는 것이 좋다. 구체적으로 상권을 명시하기 애매한 경우는 아래와 같이 개설되는 매장을 중심으로 직경거리로 상권확보를 명시하거나, 아예 지도상에 상권테두리선을 그어 계약서에 첨부하는 것이 좋다.

예) 신림 사거리 상권
    고려대학교 상권
    매장 직경 1Km
    매장 기준 직경 500m
    4차선 국도 남쪽지역 동암역 북쪽 상권

부천 북부역 광장 상권

10. 매장운영의 실태를 파악하라.

매장을 방문했을 때 본사 설명과 일치하는지 여부를 확인해야 한다. 매장의 영업상태 정도, 종업원 관리, 고객 반응, 실제 매출과 순이익 등을 파악해야 한다. 특히 순이익의 산출은 본사의 설명을 액면 그대로 믿지말고 별도로 꼼꼼히 계산해 보고 직접 확인 해야 하는 가장 중요한 요소이다.

11. 왜곡 홍보를 파악해라.

매스컴의 영향력은 점차 확대되어가고 있다. 특히 TV의 영향력은 대단하다. 이런 TV의 영향력으로 볼 때 한번 TV에 비춰진 프랜차이즈 회사는 약간의 신뢰도를 얻게 되는데, TV에서 소개되는 아이템들은 신뢰할만 한가? 몇 년전에 이런 일이 있었다. 모 방송국 아침프로의 돈벌이, 부업 소개시간에 한 프랜차이즈 본사가 괜찮은 프랜차이즈 사업으로 소개되어 나온지 불과 몇 주가 안되어 그 방송국 9시 뉴스 카메라 고발시간에 부실한 사기 프랜차이즈 회사로 고발된 적이 있다.

같은 방송국내에서 몇 주를 사이에 두고 일어난 일이다. 또, 문제가 되었던 W치킨의 경우 KBS, MBC, SBS 모두에 유망 아이템으로 소개되었지만 그 회사 회장은 사기혐의로 구속되었고 본사는 사라지고 가맹점주들끼리 모여서 운영해 나간다고 한다. 하지만 본사없는 프랜차이즈는 목자없는 양과 같은 수준이다. TV에 소개되는 아이템들은 그런 것들이 있다는 것을 알아두는 수준에서 거리를 두고 보아야, TV에서 소개되는 브랜드를 너무 신뢰하여 낭패를 보는 경우를 막을 수 있다. 실제는 부실 프랜차이즈일수록 그 부실함을 감출 타이틀을 더욱 더 찾고자 하는데, 이럴 때 TV는 좋은 방패가 되므로 PD나 관련 담당자들을 끊임없이 접촉해서 로비한다.

PD들은 그 회사를 밑바닥부터 조사할 수 없는 입장이다. 깊이 있게 체크해 볼 겨를이 없이 촬영에 들어간다. 어느 프랜차이즈나 영업이 잘되는 매장은 있게 마련이다. 전국적으로는 아이템 경쟁력이 떨어져도 특정지역에 장사가 잘되는 매장 1~2개는 꼭 나오게 되어 있으므로, 영업이 잘되는 매장만이 집중적으로 소개되는 경우가 대부분이므로 TV에 소개된다고 해서 신뢰해서는 안 된다.

12. 하청업체 (납품업체) 로부터 평판이 좋은지 파악하라.

프랜차이즈 본사는 업무의 성격상 많은 하청업체를 통해 일하게 되어 있다. 이들 하청업체들은 본사와 예전부터 관계를 맺고 지속적인 거래를 해왔기 때문에 본사에 대해서 잘 알고 있다. 하청업체들의 결제대금 지급이 순조롭고 양호하면, 본사의 자금사정이 양호한 것이며 결제가 수개월 째 밀려있다면 본사의 재무상태를 짐작할 수 있다.

또 종속관계인 하청업체를 잘 대우하며 건전한 거래를 하는 회사가 가맹점을 잘 관리해 준다고 보아도 무리가 없으며 뿐만 아니라, 하청업체를 통해서 대표자와 임원의 경력이나 기존 가맹점의 불만과 문제점 등을 잘 파악할 수 있으므로 하청업체 직원을 한 두명 섭외하는데 시간과 노력을 충분히 들이면, 가맹하고자 하는 프랜차이즈 본사의 정확한 정보를 입수할 수 있어 매우 유익하다.

13. 단일회사가 단기간 (1년 전후) 에 복수 브랜드를 출점 하는가 파악하라.

프랜차이즈 사업은 전국적으로 매장이 확대될 경우 사업의 규모가 매우 커지게 되어있다. 한 프랜차이즈 사업이 궤도에 올라 안정화 되기까지 통상 3~5년 내외의 기본기간을 필요로 하기 때문에 장기적인 안목에서 프랜차이즈를 전개해야 한다. 한 아이템만 완전히 성공시켜도 규모있는 사업규모나 상당한 브랜드 파워를 갖기 때문에 한 브랜드를 성공시키는 일은 매우 신중하면서 큰 프로젝트이다.

이런 프랜차이즈 사업의 속성상 1년 전후의 단기간 동안 기본적인 기업 규모도 크지 않은 기업에서, 브랜드를 복수로 출점하는 것은 프랜차이즈 사업을 1회성 사업으로 여기기 전에는 일어나지 않는다. 이 브랜드를 운영해서 잘되면 이 브랜드를 밀고 저 브랜드가 잘되면 저 브랜드를 미는 식의 사업 마인드의 프랜차이즈 회사는 결코 프랜차이즈 사업을 성공적으로 이끌 수 없다. 그러므로 단기간에 여러 브랜드를 런칭시키는 것을 그 회사가 기획력이 있거나 추진력이 있는 것으로 오해해서는 안되며, 오히려 예의주시하며 비판적 시각을 가져야 한다.

14. 오더맨 (Orderman) 시스템이 있는가 파악하라

영업사원을 고용함에 있어 오더맨 시스템은 비용적 측면만 고려한다면 매우 효율적인 영업기반이지만, 프랜차이즈 측면에서는 그 방식에 문제가 심각하다. 왜냐하면 가맹영업 사원이 상권분석과 점포개발을 동시에 진행하고 있는 것이 업계 대부분의 관행이기 때문에 전문성을 요하는 가장 핵심적인 상권분석과 점포개발 분야가 임시직에 해당하는 오더맨들에 의해 이루어지고 있는 것은 매우 심각한 일이다.

오더맨들은 기본급이 없거나 거의 차량유지비 수준 정도에서 지급되는 경우가 많다. 가맹영업을 통해 계약체결 오더(Order)가 없을 경우 기본생계를 위협받는다. 이런 오더맨들은 빌라나 오피스텔 분양팀들이 계약건별로 커미션을 받는 방식에서 흘러들어온 것으로 보인다. 건물 분양팀, 주택 분양팀은 이미 지어진 건물의 분양영업을 담당하므로 상권에 대한 전문성과 점포개발의 전문성이 없이도 가능하지만 프랜차이즈에 있어서는 매장성공의 결정적인 핵심사항이기 때문에 이러한 오더맨들의 활성화는 자못 심각한 폐해를 가져오고 있어 개선되어야 할 사항이다.

그러나 영업 인력 유지비용이 효율적이라는 면과 여러건 계약하면 고수익을 올릴 수 있다는 점에서 기업정신이 결여된 고용주와 비즈니스 마인드를 충분히 갖추지 못한 오더맨들의 수요가 만나 증가되어 온 것으로 볼 수있다. 오더맨들은 오다를 따야만 수익이 발생하기 때문에 필사적으로 영업을 하는 경우가 많고, 우수한 비즈니스 성향과는 거리가 먼 경우가 많으므로 프랜차이즈에 가맹하려면 이들 오너맨들을 경계해야 한다. 하지만 영업현장에서 이들을 일반인이 구분하기는 쉽지 않다. 다만 화술 전개수준이 낮거나 영업사원 치고는 연령대가 아주 높아 보이거나 젊은 영업사원이 대형차를 자기차로 몰고 다니는 경우를 찾아 볼 수 있는 정도에 불과하다.

15. 8도 가맹지사 시스템

1호점이 개설되고나면 전국지사부터 모집하는 지금의 프랜차이즈 업계의 실정은 프랜차이즈의 부실화를 계속 부추길 것으로 본다. 8도 가맹지사 시스템의 프랜차이즈 본사들은 대부분 신문광고를 통한 가맹영업으로 일관한다. 보통 5단통의 광고와 8단통이나 전면 광고를 집행하기도 한다.

이들 광고 형태의 공통점은 가맹점 및 전국지사 모집이라는 타이틀이 꼭 나간다. 아니면 이미 8도 가맹지사의 모집이 완전히 끝난 후에는 8도 가맹지사의 이름과 전화번호가 광고에 함께 나간다. 하지만, 최근에는 1588이나 1566 대표전화로 내보내어 구분이 모호해졌다. 매장이 많아지고 규모가 커지면 지사 설치의 필요성이 대두되지만, 프랜차이즈 사업 시작과 더불어 사업초기에 전문성을 갖추지 못한 급조된 가맹지사를 전국 8도에 두고 가맹 영업에 주력하는 이 시스템은, 오더맨 시스템과 더불어 한국 프랜차이즈의 부실화를 초래하고 있는 주요인으로서 경계해야할 중요한 사안이다. 지사가 있더라도 본사가 직영하는 지사라면 별문제가 없지만, 8개도에 하나씩 가맹지사를 두고 시작하는 프랜차이즈 방식은 매우 위험하며 그런 본사는 반드시 경계해야 한다.

Ⅳ. 한국에서 실패한 프랜차이즈 본사 분석

1. 대기업 프랜차이즈가 실패한 이유
2. 중소기업 프랜차이즈가 실패를 반복하는 이유

Ⅳ. 한국에서 실패한 프랜차이즈 본사 분석

1. 대기업 프랜차이즈가 실패하는 이유

우리는 대기업이 프랜차이즈 사업 분야에서도 사업의 필수요소인 자본력과 인력의 우월한 경쟁력을 갖추고 있어 사업 성공률이 매우 높으며 실패하지 않을 것이라는 생각을 가지고 있다. 그런 대기업들이 왜 프랜차이즈 시장에서 실패하고 있는 사례가 아주 많은지 그 이유를 찾아 분석해 보고자 한다.

1) 프랜차이즈는 자본으로 승부하는 사업이 아니다.

자본이 필요 없다고 해서 사업자금 천만원도 필요 없다는 것은 아니다. 그렇다고 이천만원만 있으면 된다는 것도 아니다. 업종에 따라 다르기 때문에 딱 잘라 말하기는 사실 어렵다. 하지만 놀부가 신림동 뒷골목에서 쓰러져가는 5평짜리 매장이 1호점의 시작이었던 것을 보면 이 정도의 자금은 있어야 될 것이고, 이랜드가 30년전 500만원을 가지고 시작했다면 지금의 돈 가치로 환산해서 최소 그와 비슷한 자본은 있어야 할 것이다.

여기에 말하는 자본이 필요 없다는 말은 거대자본을 말한다. 물론 사업속도를 빨리 가져가기 위해 거대자본을 가지고 시작하면 자금의 여유가 있어 사업전개가 수월한 것은 사실이다. 하지만 큰 자본없이 소규모 매장 하나로 시작해서 지금의 대기업 혹은 건실한 중견기업으로 키워낸 사례를 프랜차이즈에서는 얼마든지 찾아 볼 수 있다.

사업을 운영해 본 사람들은 모두 공감하는 말이겠지만, 자금의 규모과 더불어 자금의 시기적 유용성은 매우 중요하다. 특히 회사의 덩치가 커질수록 자금 조달의 문제는 비중이 높아진다. 내 돈만 가지고 사업하는 것은 회사 규모가 커질수록 어려워지며 자금조달의 문제는 그 비중이 점점 높아진다. 결국 내 돈만 가지고 사업하는 것은 한계가 있고, 바로 코스닥에 상장시키거나 장외거래라도 할 수준이 못된다면, 은행돈을 쓰는 방법이 일반적일 수 밖에 없는데, 알려진바대로 우리 나라는 중소기업의 은행대출에 어려움이 많다.

그러나 프랜차이즈는 은행권을 통하지 않고도 사업을 성공시킬 수 있다. 술문화가 깊게 자리잡은 우리나라에서 룸 싸롱에서 술 마시고 접대하면서 사업하는 것을 피하고 싶은 사람들에 대해서는 프랜차이즈를 적극 권하고 싶다. 왜냐하면 그렇게 하지 않고도 회사의 규모를 키워갈 수 있는 몇 안되는 분야 중의 하나가

바로 이 프랜차이즈 분야이기 때문이다. 이를 증명하는 회사는 많은데 그 중 대표적인 것이 이랜드이다. 필자는 개인적으로 이랜드 박성수 회장과는 직접적인 친분이 없다. 하지만 이랜드의 정직한 운영에 대해서 프랜차이즈적 관점에서 이야기하고 싶다. 이랜드는 오래전 알려진 바에 의하면 본사사옥을 구입하기 위해 땅을 매입하는 기간만도 수년이 걸릴 정도로 정직하다. 그 이유는 만나는 땅주인마다 계약서를 한 장만 써야한다는 이랜드의 사규를 받아들이지 않았기 때문이다.

한번은 시내에 좋은 땅이 났는데 그 땅주인은 세무서 제출용으로 따로 계약서를 만들 수는 없다는 이랜드의 입장을 거부하고 매각을 백지화 시켰다. 결국 이랜드는 신촌에 한쪽 구석에 자리 잡은 모 전문대학 건물을 매입했다. 그 전문대학의 이사장님은 정직한 한 장짜리 계약서를 교육자적 입장에서 수용한 모양이다. 그 건물은 굉장히 오래 되어서 많은 수리 끝에 사옥으로서의 사용이 가능한 것으로 알려졌다.

그런데 이랜드가 매입하려던 그 땅에 얼마 후 모 신문사가 그 땅을 매입해서 본사를 지었다. 그 신문사는 그 땅을 어떻게 살수 있었을까? 두 가지 추론이 가능하다. 그 신문사가 두 장의 계약서를 썼든지 땅주인이 자고 나서 회개하고 정직하게 살겠다고 마음먹고 그 신문사와 한 장의 정직한 계약서를 썼든지 둘 중에 하나일 것이다. 어느쪽 일지는 독자 각자의 추론이 가능할 것이다.

그런데 우리는 이런 상황에서 망설임 없이 어느 한쪽일거라는 확신을 바로 갖게 되는 것은 왜일까?

아무튼 이랜드는 이 정도로 보기 드물게 정직한 기업으로 성장해 왔다. 물론 파헤치면 거기에도 먼지가 나올지 모르겠다. 또 옛날에는 정직했지만 작년부터는 마음이 변해 여타의 기업과 똑같아졌는지도 모르겠다. 하지만 그것은 여기에서는 중요하지 않을 것 같다. 다만 이랜드가 정치권이나 힘있는 사람들과 결탁한 후 특혜금융으로 성장해 온 기업이 아닌 것만은 명백하다는 것이다. 또 한가지 분명한 것은 이랜드는 1980년에 1호점이 생겼고 30년을 바라보는 지금 매출 수조원의 대기업이 되어 있다는 것이다.

이랜드의 창업자 박성수 회장은 1980년에 500만원으로 이화여대 앞의 광생당 약국 골목에서 두 평 남짓한 보세매장에서 출발했다. 이런 회사가 정치권하고 친하게 지내지 않고 세무서하고 가깝게 지내지 않고, 기업혼자의 자생력만으로 대기업까지 성장했다는 것은, 이제는 우리나라 산업의 각 분야가 대부분 자리를 잡고 있는 경제상황에서 그리고 그 자리의 대부분은 재벌들이 눌러앉아 있는 우리 나라의 현실에서는 신화라고 불려지는 것이 당연한지도 모르겠다.

이랜드의 예에서와 같이 회사가 큰 규모로 성장하는데 절대적인 요소 중 하나인 거대 자본이 다른 분야는 몰라도 프랜차이즈 분야에 있어서는 절대요소가 아니라는 것을 말할 수 있다. 프랜차이즈가 21세기 유통의 꽃으로 불리우는 것은 사업의 노하우를 가진 자와 자본을 가진 자가 서로 만나 상호 보완을 이루어나가는 아주 효율적인 시스템이기 때문이다.

그래서 프랜차이즈에서는 자본이 필요 없다는 말까지도 등장하게 되는 것이다. 이러한 면은 프랜차이즈 사업의 가장 큰 장점이 될 것이다. 이런 면에서 볼 때 대기업이 갖게 되는 사업 경쟁력의 우선순위로 꼽는 자본력은 프랜차이즈에 있어서라는 결정적인 장점이 되지 못하는 경우가 많다. 다만 분야에 따라 초기부터 거대자본이 필요해 보이는 업종도 있지만, 그 업종도 서둘지 않고 소규모로 1호점부터 시작할 경우도 성공이 가능한 것이 프랜차이즈 분야이다. 그 대표적 예는 한 개의 매장으로 시작해 연간 매출이 우리나라 예산보다도 더 많은 세계 최대 기업으로 성장한 미국의 월마트에서 찾아 볼 수 있다.

2) 국내에 프랜차이즈 전문인력이 너무 적다.

무릇 인재란 지금과 같은 무한경쟁시대에서는 스카웃되기 마련이다. 그런데 프랜차이즈 업계는 스카웃이라는 것이 이제 겨우 생겨나고 있다. 그만두고 다시 취직하는 사람은 있어도 합법적인

과정을 통해 더 많은 연봉을 받고 직장을 옮기는 검증받은 프랜차이즈 전문가는 그 수가 매우 적다.

그렇다면 수요도 없는 것은 아닐까? 그렇진 않다. 새로 창업하는 중소기업도 많지만 신규사업을 프랜차이즈 시스템으로 가져가려는 대기업도 많다. 프랜차이즈 본사 CEO과정과 같은 세미나를 통해서 그런 사람들을 많이 만나고 있다. 그들은 이 분야의 전문가를 소개받기를 원하고 있지만 그런 사람들을 소개하는 일은 참 어렵다. 왜냐하면 그런 사람이 매우 적기 때문이다.

없는 이유를 두 가지로 나누어 볼 수 있다. 첫째는, 가리지날 본사들 즉 외국계 브랜드의 한국 본사들인 것이다. 맥도날드와 버거킹과 KFC와 같은 이런 회사에는 고급인력 이라고 할 수 있는 사람들이 그래도 많이 참여한다고 볼 수 있다. 하지만 이 고급인력들이 프랜차이즈 전문가로 성장하는데 제약을 받고 있다.

그 이유는 다음과 같다. 미국의 맥도날드나 KFC와 같은 프랜차이즈는 세계적인 규모로 공룡과 같은 방대한 프랜차이즈 시스템으로 되어 있다. 이런 공룡 시스템은 너무 덩치가 커서 한사람이 관리할 수 없다. 결국 부위별로 쪼개서 각자가 한 파트씩 담당해야 한다. 공룡의 머리를 담당한 사람의 애기와 꼬리부분을 담당한 사람이 말하는 관점이 서로 일치하지 않는다. 몸통을 담당한 사람은 또 다른 얘기를 한다. 왜냐하면 그들 모두 그 파트의 전문가일지 모르지만 자기 분야만 알 뿐이기 때문에 공룡 전체의 흐름과 시스템을 말하기에는 부족하기 때문이다.

알에서부터 깨어나 새끼 공룡부터 어른 공룡이 될 때까지 기르고 관리한 사람이 있다면, 그 사람은 공룡이 아무리 커져도 공룡의 생태를 잘 알고 공룡의 생리를 꿰뚫어 볼 수 있다. 이처럼 프랜차이즈의 전문가가 되려면 브랜드의 태생에서부터 초기성장과정, 중기시스템 정착과정 등을 거쳐야 하기 때문에 가리지날 본사들 -외국계 유명 브랜드 본사- 을 통해서는 이런 과정을 거친 핵심인력이 나오기 어려운 것이다.

그렇다면 그런 회사의 사장들은 전체를 다 볼 수 있지 않을까? 그런데 그런 회사들의 사장들 역시 대부분 오너가 아니고 월급을 받는 사람들이기 때문에 5년, 10년간 계속해서 월급 사장이 지금도 그 자리를 보존하고 있기는 쉽지 않은 일이다. 또 그 사장들은 프랜차이즈를 밑바닥부터 배워오지 않은 케이스가 많다.

두 번째는 오리지널 본사들인 경우이다. 투다리, 명화당 등과 같은 회사들은 대부분 영세하게 시작했다. 그 당시 작은 중소기업에 취직하려는 고급인력들은 매우 드물다. 그래도 요즈음은 많이 나아진 편이다. 그러므로 그러한 회사들은 회사 조직구성 자체에 고급인력이 스며들기 어렵다.

그러므로 자료를 데이터화 하거나 분석적 접근을 통해 조직적 체계화 작업을 수행하는데는 부족한 업무수준을 가지고 있다. 물론 그곳에도 인재들이 더러 있지만 영세하다는 것이 갖는 자금의 급박성과 어려움으로 말미암아, 당장 꾸려가기도 바쁜데 지금의 진행을 수치화 하거나 데이터화해서 자료를 남기고 그 다음에 그것을 분석해서 체계적인 마케팅을 구사하는 것을 기대하기란 참으로 어려운 일이다. 물론 이런 회사 오너들 가운데는 많은 경험과 놀라운 경륜을 갖고 있는 경우도 있지만, 회사를 꾸려 가는 오너의 배짱과 지혜를 갖춘 사업가적인 기질과 어떤 분야를 이론화시키고 체계화시켜서, 전문가로서 활동을 병행할 수 있는 역량을 동시에 갖고 있기란 쉬운 일이 아니기 때문에 오리지날 본사쪽에서도 전문가를 찾기란 쉽지 않다.

결국 한국 프랜차이즈 시장에서는 이러한 이유들 때문에 프랜차이즈 전문가는 찾기가 쉽지 않은 것이다. 자본이 넉넉한 대기업이 외국브랜드를 들여다가 몇 년만에 몇 십억 이상의 손실을 내고 신규 사업을 포기하는 일들이 일어나는 것은 프랜차이즈 국내 시장에 인재가 적기 때문에, 회사 자체 인력으로 프랜차이즈를 쉽게 생각하고 뛰어 들었다가 낭패를 보는 것이다.

한국 프랜차이즈는 인재를 필요로 한다. 이제는 그 인재가 육성되어야 될 시점을 넘어선지 오래다. 다행이도 이제는 오갈데가 없어서 오는 젊은이가 아니라 갈 데가 많지만 프랜차이즈를 선택해서 찾아오는 많은 능력 있는 젊은이들이 빠른속도로 늘고 있는 것은 매우 고무적인 현상이라 하겠다.

3) 프랜차이즈 사업성공의 핵심은 시장마케팅 능력이다.

외식 프랜차이즈에 일찍 뛰어든 두산그룹은 왜 2000년대 전후해서 전개해 온 프랜차이즈 사업 5개 분야 중 3개 분야에서 실패하고 철수해야 했을까?

우리에게 잘 알려진 두산의 5개의 프랜차이즈 분야는 KFC, 버거킹, 백화주막, 라운드 테이블 피자, 요시노야이다. 이중 매장이 문을 닫는 브랜드는 백화주막, 라운드 테이블 피자, 요시노야이다. 나머지 KFC와 버거킹도 우수한 성과를 거두고 있다고 보기 어렵다. 물론 사업 성공률이 100% 일 수는 없지만 5개의 프랜차이즈 사업 중 3개의 실패와 나머지의 부진은 자본과 고급인력을 갖춘 대기업의 성적표로서는 쉽게 이해가 가지 않기에 그 내용을 살펴 보고자 한다.

사업의 3요소는 자본, 인재, 아이템(시기)을 꼽는다.
삼성그룹의 고 이병철회장은 아이템이란 말 대신 시기라는 것을 이 3요소에 사용했다고 한다. 아이템 자체가 사업성이 있다, 없다 하기보다 그 아이템이 먹히는 시기가 언제냐를 더 중요하게 보았다고 한다.

일반적으로 대기업은 자본이 넉넉하다고 볼 수 있다. 특히 두산은 IMF를 가장 잘 준비하고 극복한 기업으로 현금 확보와 유동성이 좋은 것으로 알려져 왔다.

사실 프랜차이즈 사업은 사업비용이 많이 드는 사업 분야가 아니다. 편의점 프랜차이즈와 같이 초기 프랜차이즈 시스템을 구축하는 비용이 매우 많이 드는 분야도 일부 있지만 그것도 사업전개하기 나름이고, 대다수의 프랜차이즈 분야는 사업비용이 대기업의 규모에서는 소소한 수준이다. 어느 분야이든 초기 몇 십억 정도의 사업비용이면 충분하다.

직영점 위주의 개설을 해 나가도 수백억 비용이면 충분하다. 특히 외식 분야는 점포사업이고 투자회수율이 빨라 투자비용 회수가 매우 빠르다. 그러므로 두산의 프랜차이즈 사업의 부실이 자금 부족은 결코 아니다.

또 한 예로 미국 피자헛을 들여와 국내 프랜차이즈에서 성공하고 다시 미국 본사에 매각한 성신제 사장(현재 성신제 피자 대표)은 자본이 없이 시작한 사업으로 잘 알려져 있다. 그가 지은 책이름도 그것을 말해 주는데 그 책이름은 「창업 자금 칠만 이천원」이다.

두 번째, 사업에는 인력이 중요한데 두산 그룹내에 수 많은 고급인력을 확보하고 있는 것은 자명한 일이다. 그러므로 고급인력이 부속해서 프랜차이즈 사업의 전개가 부진한 것도 아니라고 볼 수 있다.

세 번째, 아이템 시기가 문제인가?
라운드 테이블 피자보다 먼저 시작한 것으로 보이는 피자헛은 성공을 거두었고 그 이후 들어온 미스터피자나 도미노피자는 성공하고 있는 것을 볼 때 시기의 문제도 아닌것 같다.

지금 이 3가지 관점에서 간단히 검토해 보았을 때 두산의 프랜차이즈 사업 부진이유는 사업의 3요소에서 찾아볼 수 있는 것이 아닌 것으로 나타난다. 그렇다면 프랜차이즈 사업부진의 요인은 어디에 있는 것일까?
그것은 바로 시장 마케팅 능력이다. 프랜차이즈 사업을 성공으로 이끌기 위해서는 여러 성공요소가 필요하다. 비즈니스의 관점에 따라 여러 가지로 나누어 설명할 수 있겠지만, 한마디로 압축한다면 그 프랜차이즈 사업 경영진의 시장마케팅 능력이라고 말할 수 있다.
보통은 석·박사를 고급인력이라고 하지만 프랜차이즈 사업의 성공요소에 석박사라는 고학력 자체는 별 의미가 없다.
시장상황을 꿰뚫어 보고 고객심리를 꿰뚫어 보고 아이템의 속성을 명확히 파악해 낼 수 있는 시장 마케팅 능력이 절대적으로 필요한 것이다.

교육을 많이 받을수록 많은 장점을 확보해 나갈수는 있겠지만 그것은 부수적인 요인에 불과하다.

한국 프랜차이즈 사업의 정상에 있는 이랜드의 박성수 회장은 서울대라는 우수한 대학을 나왔지만, 그의 전공은 건축학으로 마케팅과는 거리가 먼 전공이었고 대기업체에서 근무한 경험이 없고, 단지 마케팅과 관련이 거의 없어 보이는 학원강사를 2년 정도 한 것이 비즈니스 경력의 전부로 알려져 있다.

프랜차이즈 외식업의 한식 분야에 독보적인 성공을 거두고 있는 놀부의 오진권 사장 역시 군 상사 출신으로 마케팅을 정식으로 공부한 흔적을 찾기 어렵다.

시장 마케팅 감각을 가지고 시장을 꿰뚫어 보고 그에 대한 전략적 공략을 시작할 수 있는 능력으로서 학벌이나 비즈니스 경력과는 무관하게 발휘될 수 있다고 본다. 프랜차이즈 사업이 결코 쉽지 않은 것은 이런 능력의 소유자가 경영진에 합류되는 경우가 쉽지 않기 때문이다.

4) 두산그룹의 요시노야가 실패한 이유

일본을 방문했던 사람들은 누구나 '규동'을 기억한다. 그것은 일본식 패스트푸드로서 자리잡은 일본의 소고기 덮밥을 말한다.

동경은 물론이고 대도시 중·소도시 번화가, 지하철역 주변 등 유동 인구가 많은 지역에는 꼭 이 '규동 체인점'들이 3~4개씩 자리 잡고 있는 것을 보게 된다. 아마도 김밥이 한국식 패스트푸드로서 자리 잡아 어디서나 즉석 김밥점을 볼 수 있는 것과 비슷한 경우이다. 일본에는 이러한 규동 체인점들이 전국적으로 수천개 이상이 있다.

이 분야의 탑 프랜차이즈가 '요시노야'이고 그다음이 '마쯔야' '고오베 람쁘데' 등 많은 프랜차이즈가 있다. 이들 중 대표 브랜드인 요시노야를 두산그룹이 가맹해서 한국에서 요시노야 프랜차이즈를 전개한 적이 있다. 그 당시 신문에 이런 기사가 실린 적이 있다.

두산그룹이 일본의 요시노야 프랜차이즈를 한국에 들여와 사업전개를 시작하고 있다는 내용으로 일본식 소고기 덮밥을 일본식 그대로 한국에서 판매하려고 한다는 우려에 대해서, 두산 요시노야측은 이미 대만 등 외국에서도 성공을 거둔 업체로서 일본 맛으로도 충분히 승산이 있다는 기사였다. 요시노야는 그 해 서울의 대형상권 4곳에 중대형 사이즈(40평~80평)의 매장을 오픈시켰다. 종로상권, 신촌상권, 강남역상권, 노원역상권에 들어선 4개 매장의 상권은 A급이었고 점포의 목도 A급으로 입지는 최상급으로 들었다고 보아진다. 다만 강남점은 2층에 입점한 것이 패스트푸드 컨셉으로는 다소 취약했다고 볼 수 있다.

이 매장들은 결국 이렇다 할 매출을 보이지 못한 채 오픈 후 1년 전후에서 4곳 다 폐점했다. IMF는 4개 매장의 폐점을 약간 앞당겼을 뿐 어차피 문을 닫을 수밖에 없는 부진한 매장들이었고 고객들로부터 호응을 얻는데 실패했다.

이 요시노야는 왜 실패했을까?

최소 수십억원 이상의 자본이 투자되었을 이 프랜차이즈 사업을 IMF를 가장 잘 넘긴 기업으로 평가받았던 두산그룹이, 또한 이미 KFC와 버거킹으로 외국 프랜차이즈 도입이 처음이 아닌 두산의 요시노야의 실패는 무엇을 의미할까?

물론 대기업이 모든 아이템을 다 성공시킬 수는 없다. 요시노야 하나 실패한 것을 가지고 분석하려는 것이 아니다. 두산은 알려진대로 백화주막 프랜차이즈도 실패했고, 라운드 테이블피자 프랜차이즈도 실패했다. 프랜차이즈 사업 실패율이 사업하다보면 결코 그럴 수도 있지라는 수준을 넘어섰다고 보이기에 그 중의 한 아이템인 요시노야의 국내 진출 실패분석은 의미가 있다고 본다.

첫째, 외식업의 필수인 맛전략의 실패이다.

일본맛을 그대로 들여와서 한국인의 입맛이 거기에 맞혀질 것이라는 기대가 잘못된 것이다. 햄버거나 피자도 외국맛 그대로 들여와서 성공했다고 항변할 지 모른다. 그러나 좀 더 분석해보면 햄버거와 피자는 조금 다르다. 햄버거, 피자가 우리 나라에서 성공할 수 있었던 것은 먼저 주식이 아닌 간식 또는 기호식으로 우리에게 접근한 것이다.

햄버거나 피자를 먹고 배가 불러 식사를 안하는 경우가 있지만 그것은 어디까지나 간식 내지 기호식이다.

쌀을 주식으로 하는 우리가 하루 세끼를 해결하는 식사용은 아닌 것이다. 그리고 그것들도 결국 불고기 버거나 불고기 피자와 같이 한국인 입맛에 맞추어 개발되어진 메뉴가 많아지고 선호도도 매우 높은 것을 알 수 있다.

그런데 이 일본식 불고기덮밥인 '규동' 은 말 그대로 '밥' 이다. 주식을 위주로 하는 외국의 외식브랜드는 대중화를 이루어야 하는 패스트푸드 형태나 일반 음식점 형태를 통해서는 살아남기 어렵다. 그러나 전문점의 형태로서 들어온다면 가능성이 있다. 인도 음식레스토랑 '강가' 와 같은 전문점 형태는 대중화 되지 않아도 생존이 가능하기 때문이다.

예를 들어 규동이 일본맛 그대로 들여온다면, 일본 음식전문점의 한 가지 메뉴로서 들어오면 모를까 그 아이템이 매출의 주류를 이루는 대중화된 외식매장으로는 접근이 어렵다는 얘기다. 일본맛을 버리고 한국식 불고기맛으로 바뀌었어야 했는데 다른 나라의 성공만을 믿고 음식의 개성이 매우 강한 한국에 그대로 도입한 것이 시행착오 였다고 보아진다.

　두 번째는 가격전략의 실패이다. 레귤라 덮밥은 2,900원 곱빼기 덮밥은 3,550원을 받았다. 겉보기에는 3,000원 내외는 저렴한 가격이지만, 여기에 한국인 식사의 기본인 국과 김치를 따로 사서 먹어야하는 시스템이라 결국은 4,000~5,000원을 주어야 하는데, 90년대 후반 IMF 당시로서는 중고가의 가격대를 형성하게 된다. 그럼에도 고객 입장에서는 4,000~5,000원 주고도 국 하나 김치 하나 놓고 반찬없는 소고기덮밥을 먹어야 하는 매장으로 받아들이게 된다. 가격은 비싼데 반찬없는 밥을 한국인은 결코 선호하지 않는다.

　세 번째는 주문식단제의 실패이다. 한국에서는 아직도 주문식단제가 정착하지 못하고 있다. 특히 먹는 데에 있어서는 후한 인심을 첫째 덕목으로 꼽는 소비자의 의식이 깊이 깔려 있다. 반찬을 하나씩 가격을 매겨서 먹고자 하는 음식만 시켜서 먹으면 효율적인 면이 많은 것은 누구나 인정하지만 우리나라의 식습관이 그러한 효율보다는 후한 인심을 선호하고 있다.
　일일이 김치 하나에 돈을 내고 국물 하나에 돈을 내야하는 것을 귀찮게 여기고 인심 고약한 불편함으로 여기는 우리의 정서가 일본인의 정서와는 매우 다른 것이다. 이와같이 3가지 주요요인 때문에 두산의 요시노야 프랜차이즈 사업이 실패를 가져왔다고 본다.

2. 중소기업 프랜차이즈가 실패를 반복하는 이유

1) 8도 가맹지사 시스템과 오더맨 시스템은 위험하다.

⑴ 8도 가맹지사 시스템의 위험성

현재 우리나라 프랜차이즈 업계에서 사업개시 초기인 1년~3년 사이인 시스템 준비기에, 매장 수를 급격히 빠른 속도로 6개월에 100개 또는 1년에 200~300개씩 늘릴 수 있는 것은 바로 이 8도 가맹지사 시스템이 있기 때문이다.

본래 프랜차이즈는 미국에서 시작되었는데 미국은 1개주(state)가 우리나라 남한 전체보다도 넓은 주가 한 둘이 아닐만큼 넓은 나라이다. 그러다보니 미국은 각 주별로 일정지역을 묶어서 지역본사 (Area Franchisor)들을 통해 프랜차이즈 시스템 구축을 해 온 것이 일반화되어있고, 미국 전역으로 전국화되지 못한 채 한 지역만 프랜차이즈 시스템을 구축하게 되는 경우도 많다.

이러한 지역본사 (Area Franchisor)의 개념이 우리나라에 흘러들어오면서 한국식 이름인 가맹지사(Area Franchisor)라는 이름으로 확산되게 되었다. 가맹지사는 가맹지사 가입비로 적게는 3,000만원 수준에서 많게는 1억이상의 가맹비를 납부한다. 전국적인 사업 전개를 위한 기초 공사를 할 시기인 시스템 준비기에 유통노하우 구축작업과 프랜차이즈 시스템 구축작업을 놓아 둔채 곧바로 매장수 성장기에 돌입하기 위해 8도에 가맹지사를 개설하면서 바로 가맹영업을 시작한다.

조선일보와 중앙일보 같은 유력 일간지들은 모두 전국지이므로 한 번 5단통 광고나 전면광고 등으로 광고가 나가면 전국 8도에서 체인점 가맹에 대한 문의전화가 온다. 이때 경상남도에 사는 사람은 서울 본사에 전화하지 않고 부산가맹지사에, 전라남도에 사는 사람도 역시 그 지역에서 가까운 광주가맹지사에 곧바로 문의를 하게 된다. 최근에는 1588 대표전화로 일괄적으로 접수한 뒤 가맹지사로 연결하는 방식을 취한다.

전국 8도에 몇 달 사이 급속히 개설된 가맹지사들이 전국에서 동시다발로 가맹영업을 진행하기 시작하면, 1개 가맹지사에서 3~4개씩 계약을 성사시켜도 한번 광고에 30~40개의 매장이 생겨난다. 이런 8도 가맹지사 시스템을 도입한 회사들의 광고주기는 과거에는 최소 주당 1회이상 심한 경우 3~4개의 유력일간지에 같은 날 동시에 광고를 내기도 한다. 이런방식으로 매장수를 늘리는데는 다음과 같은 문제점을 안고 있다.

첫째, 시스템 준비기에 매장수 확장에 나설 경우 유통의 노하우 개발과 구축이 어려워 브랜드가 장수할 수 없다.

둘째, 가맹지사의 인력의 전문성이다. 프랜차이즈는 우리나라의 경우 정부로부터 아무 허가를 받지 않아도 사업개시가 가능한 편리함이 있는 대신 프랜차이즈 전개에는 필수적인 노하우가 있어야 하는데, 그 대표적인 것 중의 하나가 상권분석과 점포개발이다. 상권 분석능력과 점포 개발업무는 서적 10권을 구입해서 일주일간 다 독파한다고 마스터 할 수 있는 업무가 아니다. 기본적인 경험의 축적에서 시작되는 업무인데 3,000만원이나 1억원의 가맹비를 주었다고 8도의 지사장들이 그 능력을 전수받아 갖추어진다고 보기 어렵다. 결국 비전문가가 전문가가 감당해야 할 업무를 자기보다 더 모르는 가맹희망자들을 상대로 눈속임 하게 된다.

셋째, 가맹지사의 생존성이다. 유통상품의 노하우를 구축해 나갈 시기에 본사가 매장확산에 주력하므로 유통상품의 노하우를 구축하지 못한 브랜드로 전락해 버리면, 매장수가 5백개가 되어도 본사를 유지시켜주는 고정수익이 들어올 리가 없다. 더욱이 현재 우리 나라에서는 로열티를 안 내는 경우가 태반이다.

고정 수입원이 약한 수 백개의 매장을 계속 매달 5천만원에서 수억원씩 쏟아 부으며 매장 관리를 해 나갈수 있는 회사는 존재하지 않는다. 본사가 그렇다면 마찬가지로 가맹지사의 고정 수입원도 기대하기 어렵다. 결국 신규 매장개설을 통한 개설수익(가맹비, 초도상품비마진, 인테리어마진)을 주력으로 삼게된다. 유통 노하우가 약해서 유통 수익이 미미한 시스템에서는 오직 개설 이익을 낼 수 있는 매장확산에 주력하게 된다.

넷째, 가맹지사의 도덕성이다. 대다수의 가맹지사들은 오더맨(Order Man)을 고용하는 경우가 많다. 이 오더맨들은 전문성과는 거리가 멀다. 뒤에서 언급하겠지만 이 오더맨 방식은 고용주 입장에서 비용만 고려하면 경제적이고 효율적이라고 생각할 수 있으나 점포개발 등 특히 상권분석과 같은 전문성을 요하는 업무를 본사가 비전문가에게 맡긴다는 자체가 무지의 소산이거나 도덕성의 해이라고 볼 수밖에 없다. 이러한 8도 가맹지사 시스템의 도입유혹은 아직 충분히 자리잡지 못한 프랜차이즈 본사를 운영하는 중소기업 오너들에게는 한번쯤 겪는 갈등이다.

이 시스템을 도입하면 즉시 전국적인 매장개설의 증가로 인한 개설 수익확대가 가능하지만, 결국 견고한 프랜차이즈 시스템 구축에는 실패한다는 것을 알기에, 회사가 자금에 쫓기거나 경제적 압박을 받을 때 프랜차이즈 본사의 오너들은 갈등하기도 한다.

특히 중형프랜차이즈에 이 가맹지사 시스템을 적용할 경우 시

90년대 후반 아이스크림 프랜차이즈 현황

NO	브랜드명	점포수(직영점)
1	베스킨라빈스	340 (161)
2	쓰리프티	315 (0)
3	드라이어스	90 (0)
4	하겐디즈	(6)

스템 구축자체가 불가능해 결국 망하게 된다. 대표적인 사례가 90년대 후반기에 아이스크림업체인 베스킨라빈스가 전국 340여개 매장으로 선두에 있었고 300개를 넘어선 쓰리프티가 국내 아이스크림 업계의 2위를 달리는 것으로 보였으나 2년 뒤의 상황은 그와는 달랐다.

시스템 준비기와 매장수 성장기를 거쳐 현재 유통사업 성숙기에 들어선 베스킨라빈스의 경우 사업초기 수 년간의 적자를 감수하면서도 상권입지가 약하거나 부족한 입지에는 매장을 개설하지 않았고 프랜차이즈 사업 초기에는 매장수 확장에 주력하지 않으며 건실한 프랜차이즈 시스템을 구축한 결과 한국 아이스크림 업계 탑 브랜드로 포지셔닝되었고 그 아성을 허물만한 회사를 현재 찾아보기 어렵게 되었다.

하지만 8도 가맹지사 시스템을 사업초기부터 도입해서 곧 바로 가맹점 개설에 주력해 사업시작 2~3년만에 300개 이상의 매장을 확보했던 쓰리프티는 본사가 없어진지 오래이다. 망할 수 밖에 없는 요인은 앞에 말한 바와 같지만 특히 중형 프랜차이즈인 아이스크림매장을 상당수 소형프랜차이즈처럼 소형상권에 개설했기 때문에 대부분 각 가맹점들이 수익을 올리지 못한 채 부실화 되어 심각한 결과를 낳은 것이다.

2) 오더맨 시스템(Order Man)은 가맹사업을 무너뜨린다.

오더맨은 기본급이 거의 없고 많아야 50~100만원 수준이거나 차량유지비 정도만 받고, 가맹영업계약이 체결되었을 경우에만 건당 적게는 일백만원에서 많게는 수백 만원의 인센티브를 받는다. 경영자 입장에서는 고정비는 별로 들이지 않고 많은 수의 영업 조직을 확보 운영할 수 있어, 효율적으로 보이는 이 시스템은 프랜차이즈 사업을 성공적으로 이끌어 주지 못한다. 그 이유를 분석해 보면 다음과 같다.

첫째, 전문성의 문제이다.

이 오더맨 시스템에서는 대부분 가맹영업사원이 상권분석과 점포개발까지 담당한다. 외부에 아웃소싱 준다고 해봐야 고작 부동산 업자들의 매물 소개 수준이다. 상권분석과 점포개발은 프랜차이즈 사업에 있어 핵심적 요소이다. 핵심적 업무를 전문성이 없는 오더맨과 같은 임시직에게 맡길 경우에 업무의 전문성은 찾아볼 수 없다.

둘째, 도덕성이다.

상권분석 및 점포 개발담당은 조사된 상권이 미흡하거나 개발된 점포의 입지가 취약하면, 가맹희망자에게 사실 그대로 정직하게 말할 수 있는 기본적인 도덕성을 갖추어야 한다. 그러나 기본급이 없어 생활보장이 전혀 되지 않는 오더맨들에게 정직한 영업을 기대하기란 현실적으로 어렵다. 그들도 그 점포의 입지가 합당하지 않은 것을 알고 있으면서도 가맹계약을 체결하는 경우를 가맹영업 현장에서는 흔히 볼 수 있는 일이다.

셋째, 본사의 운영 방법이다.

오더맨 중에서 영업 실적이 미비하거나 계약체결이 나오지 않으면 즉시 교체해 버리는 운영방식은, 전문성을 갖추어 나가기가 불가능하고 도덕성을 발휘하여 정직한 가맹영업을 유지하기도 어렵다. 결국 계속 부실한 비전문가의 영업사원을 통해 상권과 입지가 부실한 매장이 양산되는 것이다.

이러한 요인들로 인하여 오더맨 시스템은 일시적으로 영업 인력 비용을 효율적으로 절감하는 것으로 보일 수 있으나 프랜차이즈 사업의 핵심인 상권분석과 점포개발이 계속되는 비전문성과 비도덕성으로 말미암아 부실매장의 양산으로 이어져 일시적 매장수는 확대될지라도 매장의 수명이 단명하고 프랜차이즈 시스템의 조기 붕괴를 가져오는 주요인이 된다.

오더맨 시스템은 8도 가맹지사 시스템과 더불어 한국 프랜차이즈 업계의 부실화를 촉진하는 양대 요인이다. 건강한 한국 프랜차이즈 발전을 위해서 이제는 사라져야 할 때가 되었지만, 아직도 이런 사례가 변형된 형태로 남아 있는게 현실이다.

최근에는 가맹영업과 점포개발대행 컨설팅이라는 방식으로, 오더맨들을 모아서 사업대행이나 컨설팅방식으로 진행하는 사례가 생겨나고 있다. 현재 이 같은 컨설팅 방식으로 사업을 전개해 빠른 속도로 늘어나고 있는 중형 프랜차이즈 베이커리인 R브랜드는 소형 상권 위주로 입점하고 있어 몇년 안에 시스템에 큰 문제가 생실 것으로 판단된다.

3) 상권분석과 점포개발의 실패

우리나라 중소기업 프랜차이즈들이 매장 확산에는 성공해서 수백개의 가맹점들을 오픈시키지만 그 수백개의 가맹점들이 2~3년 이내에 거의 폐점을 하게 되는 사례가 많았던 것은 무슨 까닭일까?

이런 현상은 서비스나 판매업 분야보다 외식업 분야에 많이 나타난다.

그 이유 중 하나는 외식업은 상품구매주기(매장이용주기)가 통상 판매업이나 서비스업보다 짧다. 외식매장은 한번 방문했다가 고객 입맛에 맞으면 바로 다음날부터 2~3일에 한번 꼴로 재구매가 이루어져 고정고객이 되는 경우가 많지만, 판매업인 의류체인점에서 옷을 사서 가격, 디자인, 제품의 질 모두가 마음에 들었다 해도 재구매가 이루어지는데는 최소로 잡아도 수주 혹은 수 개월 이상 소요된다.

서비스업인 미용체인점의 경우도 머리를 커트하거나 파마를 하고나서 고객의 만족도가 아무리 높아도 평균 1개월이상 지나야 재구매(이용)가 이루어진다. 결국 좋은 아이템의 매장이 나타났을 때 그 매장이 자리잡거나 성공하는 데는 외식 매장은 수 개월이면 승부가 나는 경우가 많다. 그러나 판매업이나 서비스업의 경우에는 그 기간은 이보다 훨씬 길다.

그 반대로 매장 아이템이 취약해서 고객들의 반응이 미미할 때도 외식업은 수개월만 지나면 -최대한 6개월이면- 결론을 내도 무방하지만, 보통 재구매 주기가 긴 편인 판매업이나 서비스업의 경우는 6개월이상 1년정도의 기간을 지켜볼 때까지 속단하기 어려운 아이템도 있다.

이런 까닭에 외식업은 다른 업종보다도 빠른 속도로 확산 되다가 급속히 사라지는 업종이 많게 된다. 그렇다면 한 업종이 그토

록 빨리 거의 전멸되다시피 사라지는 것은 일시적 유행의 결과인가?

예전에 하이트 맥주광장, 카스타운과 같은 맥주광장 가맹점이나 조개구이 매장이나 닭갈비 매장이 동네마다 들어왔다가 거의 망해 버렸던 것은 유행탓인가? 그렇지는 않다. 이러한 아이템들이 대부분 폐점하게 되는 요인은 상권의 문제이다.

이들은 아이템 성격상 중형 프랜차이즈로서 중형상권에 입점해야 하는데, 많은 경우가 소형 상권중 약간 붐비는 곳이나 동네 상권중 밀집도가 높아 보이는 상권에 입점시킨 경우가 매우 많았기 때문이다. 결국 이런 매장의 폐점은 오픈 때부터 거의 예정되어 있었던 것이다.

그렇다면 이와 같은 일이 일어나는 이유는 무엇일까?

첫째, 프랜차이즈 본사들이 상권에 대해 무지한 경우이다. 국내 프랜차이즈업계는 자료축적이 취약하기 때문에 가맹점을 전개하는 본사가 오픈시킬 수 있는 상권이 몇 개나 되는지, 어떤 규모와 특성의 상권인지를 미처 파악하지 못한 채 매장을 오픈시키는 경우가 많다.

둘째, 중형상권에 들어가야 하는 것을 알면서 자신들의 아이템에 알맞은 중형상권을 찾아내어 분석하고자하는 의지가 없는 경우이다. 가맹점주의 성공에는 관심이 없고, 매장개설 수익확대에만 치중하기 때문에 상권 개발과 분석에 인력과 시간을 쏟지 않고, 부실하게 운영하는 사례도 많이 있다.

셋째, 중형상권에 전개할 경우 그 개설 체인점 수가 소형프랜차이즈로 전개할 때보다 매우 적기 때문에 상권수가 3~5배 이상 수준인 소형상권에 의도적으로 매장을 개설하여 가맹점 수를 늘려 개설이익을 확대하는 경우이다.

상권 접근이 잘못 됐음에도 불구하고 계속 이런 매장전개가 일어나는 것은 앞에서도 언급했듯이 가맹점 개설 이익에만 급급하기 때문이다. 가맹점 개설 이익에만 급급한 이유는 유통상품의 노하우가 전혀없기 때문에 매장수가 늘어나도, 본사의 유통수익은 매장을 관리해주는 수퍼바이저들의 인건비 지급에도 못미치는 수준이기 때문이다.

4) 노하우 없는 가격파괴점은 살아남지 못한다.

글로벌 금융불황이 깊어지면서 최근 가격파괴가 유행이다. 90년대에는 중반 중국집 탕수육을 적어도 일만오천원 이상 주어야 먹을 수 있었지만, 당시 탕수육 전문점의 등장은 5,000~6,000원의 가격에 집으로 배달된 탕수육을 먹을 수 있어 대단한 인기를 모은 적이 있다. 동네마다 3~4곳씩, 심한 경우 아파트단지 앞에 6~7개씩 탕수육 전문점이 들어섰지만 1~2년 사이에 우후죽순 들어섰다가 이내 모두 폐점되고 말았다.

이들은 왜 모두 망했을까?

노하우가 없었기 때문이다. 프랜차이즈는 노하우가 필수이다. 이랜드가 80년대에 시작해서 의류업계에 돌풍을 일으킨 것은 단지 중저가의 저렴한 가격 때문만이 아니라, 그 가격대에서는 찾아보기 힘든 디자인과 제품의 질 때문이다.

그런데 예전의 탕수육 체인점들은 맛의 노하우나 조리의 노하우는 전혀 없이 값싼 암돼지살을 이용한 저렴한 탕수육 판매에만 초점을 두었고, 어느 본사도 제품 개발에 몰두해서 맛을 차별화하지 못했다. 아마도 그들은 처음부터 가맹점의 개설 이익만을 염두해 두었던 것 같다. 노하우 없이 단지 아이디어만으로 시작되는 아이템은 살아남지 못한다.

국내유통은 현재 매우 다원화되어 있다. A라는 본사가 공급받을 수 있는 아이템을 또 다른 어느 B라는 본사도 공급받을 수 있는 시장에서 살고 있다. 박리다매는 장사의 고전적인 진리이고 현재에도 진리임에 틀림없으나, 싼 가격만으로는 장수할 수 없다. 상품의 질이 따라주어야 하고 그에 따른 노하우가 있어야 한다.

특히 우리나라 외식업에는 가격에 거품이 많기 때문에 가격다

운이나, 가격파괴가 많은 것은 사실이다. 그러나 가격파괴의 아이디어로 시작한 프랜차이즈 본사들이 살아남기 위해서 메뉴의 노하우 개발과 특히 맛의 노하우 개발에 전념해야 한다.

5) 왜 90년대 아이스크림 전문점은 다 망했을까

97년 4월 월간식당에서 아이스크림 체인점의 진출 현황이 게재 된 적이 있었는데, 그때 업계의 1위인 베스킨라빈스의 매장은 160개 직영점과 180개의 가맹점 모두 합쳐 340개, 쓰리프티의 매장은 직영점은 없고 가맹점만 315개, 드라이어스도 직영점은 없고 90개의 가맹점을 확보하고 있어 1위인 베스킨라빈스와 2위인 쓰리프티가 외관상으로는 경합을 벌이는 것으로 보여졌다.

불과 수년뒤 2000년대에 들어서자 베스킨라빈스는 600~700개의 매장으로 국내 프랜차이즈 아이스크림업계에 탑브랜드의 위치를 굳건히 지키고 있지만, 2위였던 쓰리프티나 3위였던 드라이어스 아이스크림은 본사도 매장도 모두 사라져 버렸다. 그렇다면 이들 아이스크림 브랜드들은 왜 급속히 생겨났다 없어지게 된 것일까?

우선 같은 300여개의 매장이지만 베스킨라빈스는 이 300여개의 매장을 구축하는데 85년 설립해서 12년이라는 시간이 소요되

국내 아이스크림 프랜차이즈 현황

(단위 : 개)

브랜드명	본 사 명	설립년도	점포수 1997년	점포수 2008년	취급상품
베스킨라빈스	(주)비알코리아	85	340	727	아이스크림
하겐다즈	(주)하겐다즈	91	6	27	아이스크림
돌로미티	(주)한국프리젤	95	12	23	아이스크림, 세미프레도
쓰리프티	(주)성환	94	315	사업 철수	아이스크림
드라이어스	(주)대호 DNM	95	90	사업 철수	아이스크림
직앤질	한길	95	50	사업 철수	아이스크림
TCBY	(주)한국 TCBY	92	47	사업 철수	프로즌요구르트
커니셔	(주)씨원	95	42	사업 철수	아이스크림
아이비요크	(주)한국아이비요크	94	40	사업 철수	프로즌요구르트
데어리 퀸	(주)드림&드림	93	13	사업 철수	아이스크림, 스낵, 푸드
K&F	(주)코라이프	96	12	사업 철수	아이스크림
프랜들리	(주)한성	96	8	사업 철수	아이스크림
데리골드	(주)한국유업	94	5	사업 철수	아이스크림
띠리에	(주)띠리에코리아	96	2	사업 철수	아이스크림, 케익

었다. 반면 쓰리프티는 94년에 설립되어 불과 3년도 걸리지 않는 기간에 거의 비슷한 수의 가맹매장을 확보하게 되었지만 결국 2~3년이 지나기전에 하나는 국내의 탑브랜드로서 하나는 본사가 망해버린 회사로서 그 명암이 갈린 것이다.

6) 탕수육 체인점의 종말

탕수육 전문점의 실패는 다음 2가지이다.

첫째, 8도 가맹지사의 오더맨 시스템이 빚어낸 실패의 결과이다.

육영 탕수육의 경우 96년 2월에 회사가 설립되어 97년 4월 조사기준으로 500여개로 추산된다고 나와 있듯이 1년 남짓 한 기간에 500개의 매장이 급조된 것이다. 그 사이 가맹 매장의 개설이익의 합계(가맹비 수입, 초도상품 및 시설설비 수입, 매장 인테리어 통한 수입)는 매장당 일천만원만 잡아도 50억이고 폭리를 취해 이천만원으로 잡으면 100억에 이른다. 1년 사이 50~100억의 개설이익이 생길 수 있었던 것이다.

둘째, 노하우가 없는 가격파괴의 실패가 낳은 결과이다.
탕수육 전문점은 소형 프랜차이즈이고, 배달전문 프랜차이즈로서 매장의 상권이나 목은 크게 중요하지 않다. 그러므로 상권

전략이 실패한 것은 아니다. 다만 노하우 없는 가격파괴는 일시적으로는 고객의 호응을 모으지만, 곧바로 수많은 경쟁업체의 난립을 가져오게 되며, 얼마 지나지 않아서 체인점의 과포화로 모든 체인점이 함께 공멸하게 된다.

특히 그당시 동네 중국집들이 탕수육 전문점에게 수요를 빼앗기게 되자 곧바로 탕수육을 대, 중, 소로 나누어서 판매하고, 가격도 소(小)는 6,000~7,000원 수준에 맞춰 판매하게 되었다.

탕수육의 맛 역시 노하우가 없어서 중국집에 배달시켜 먹는 집이 다시 늘어남에 따라 단순한 가격파괴의 아이디어로 시작한 탕수육 매장은 설자리를 잃게 되었다. 한 때 탕수육 체인 본사가 30개가 넘었고 탕수육 프랜차이즈 매장수도 전국적으로 1천~2천개가 되었지만 지금은 거의 찾아보기 힘든 아이템으로 전락했다.

탕수육 프랜차이즈 현황

(단위 : 개)

브랜드명	설립년도	가맹점수	
		1997년	2008년
챠우챠우탕수육	89.9	250	1
챠이나(에이스통상)	96.4	10개 이내	미발견
벧엘탕수육	96.3	60	미발견
뉴그린(하이델식품)	90.1	72	1
육영탕수육	96.2	약 500개	2~30

V. 국내 프랜차이즈 신규 사업 전략

1. 대박난 우수 매장을 모델점으로 하는 프랜차이즈 사업
2. 국내에서 자체 개발하는 프랜차이즈 사업
3. 일본 브랜드의 벤치마킹으로 시작하는 프랜차이즈
4. 외국 브랜드의 한국지사 설립으로 시작하는 프랜차이즈 사업
5. M&A를 통한 프랜차이즈 사업

V. 국내 프랜차이즈 신규 사업 전략
- 프랜차이즈 사업 진출의 5가지 방법

1. 대박난 우수매장을 모델점으로 하는 프랜차이즈사업

사실, 이 방법이 프랜차이즈에서의 가장 전통적인 방법이라 하겠다. 미국의 맥도날드는 잘 알려진대로 맥도날드 형제가 만들어 운영하는 당시로서는 주변에 입소문이 나서 연일 문전성시를 이루는 대박난(?) 매장을, 레이크록이란 밀크쉐이크 판매업자가 그 매장을 방문하면서부터 맥도날드의 역사가 시작되었다.

그 후 레이크록이 이 대박난 매장을 미국 전역에 같은 메뉴와 같은 맛, 같은 모델로 오픈하기 시작하면서 세계적인 브랜드가 탄생하게 된다. L.A의 근처에 있던 맥도날드의 1호점은 프랜차이즈 전개 이전 부터 문전성시를 이루는 매장이었다.

알려진대로 이랜드도 처음부터 프랜차이즈 사업을 염두에 두고 1호점을 개설한 것은 아니었다. 이화여대 앞 광생당 약국이 있는 골목길에 2~3평 남짓한 작은 보세 옷가게를 지금의 이랜드그룹 총수인 박성수 회장이 오픈했는데, 탁월한 박성수 회장의 MD

능력 (상품 선별 능력) 덕분에 매장의 고객이 줄을 서기 시작하자, 주변에서 똑같은 매장을 내게 해 달라는 사람이 계속 생겨나면서 프랜차이즈 사업이 시작되었다.

이처럼 점포사업을 시작했을 때, 매출이 동일업종 대비 매우 탁월한 수익을 내는 경우 프랜차이즈가 시작되는 것이 가장 전통적인 방법이라 하겠다. 하지만, 1호점이 대박났다고 프랜차이즈가 다 성공하는 것은 아니다. 교촌치킨이나 김가네 김밥, 놀부등은 1호점에서 시작해 수백개의 매장으로 발전되어 성공한 사례이지만, 명동의 할머니집 국수, 명화당 같은 매장은 매우 오래되었고 주변에서 유명하지만, 프랜차이즈화에 있어서는 아직 그만한 명성은 얻지 못하고 있다. 역시 점포운영 능력과 매장을 수십개, 수백개 만들고 관리해 내는 사업적 능력은 일치하지는 않는다고 볼 수 있다.

2. 국내에서 자체 개발하는 프랜차이즈 사업

프랜차이즈 사업이 워낙 큰 호황을 누리니까 모델점을 만들어서, 프랜차이즈 사업을 크게 성장시키려는 방법은 개인이나 기업들이 많이 활용하는 케이스이지만 실제로 성공률은 높지 않은것 같다. 그 이유는 다음과 같다.

첫째, 차별화에 너무 주력을 하다보면 아래와 같이 신규 시장

Market (시장)	Product (상품)	사업 성공 가능성	예
Old Market (기존 시장)	신제품 (New)	가장 높다	보디가드 칼라내의 교촌의 간장치킨 와라와라의 수작요리 레드망고의 요구르트 아이스크림
	구제품 (Old)	낮다	
New Market (신규 시장)	구제품 (Old)	낮다	
	신제품 (New)	매우 낮다	스티카 판매지

을 개척하면서 신규고객까지 창출을 새로이 해야하는 경우가 많기 때문이다.

차별화, 차별화 하다보니 새로운 것만 추구하다 기존시장 (Old Market)을 벗어나 수요가 전혀 형성 되지 않은 신규시장 (New Market)에 론칭해 버리는 것이다. 없던 고객을 만들어 내고 신규 수요를 만들어내야 하므로 고객에게 안 먹힐수도 있고, 먹힌다 해도 수익을 낼 때까지 수년간 혹은 그 이상 오랜시간이 소요되어 사업의 성공을 거두지 못하게 된다.

둘째, 상품의 우수성 (외식은 메뉴의 맛이지만)은 결국, 노하우에서 나오므로 노하우가 그렇게 몇 개월 정도의 단시간에 만들어지기는 힘든 것이다. 고객의 방문을 통해 검증하고, 그 검증의 바탕위에 업그레이드 하면서 만들어지지, 반짝이는 아이디어만으로 고객을 쉽게 끌어들여 돈을 벌기는 어렵다. 그 예 중의 하나가 특허 낸 아이템중에서 정말 너무 뛰어난 아이디어가 많지만, 특허상품에서 돈을 번 경우는 매우 드물다는 사실에서 알 수 있다.

뛰어난 아이디어 상품이 돈을 버는 것이 아니라, 소비 대중의 대다수가 원하고 있는 욕구(Need)를 알아내고 그 욕구에 맞는 상품(메뉴)을 내놓을 때 사업화 되어서 큰 수익을 내는 것이다.

너무 앞서간 아이템은 개발능력 때문에 주변사람의 칭찬을 이끌어낼 지는 몰라도, 돈을 벌어주는 대중 수요가 따라주고 확산되는데 시간이 많이 소요되므로 사업적 성공을 거두지 못할 때가 많다.

그러므로 방향설정을 잘해야 한다. 주변사람의 칭찬이 먼저인지, 돈을 버는것이 먼저인지 이 두가지가 프랜차이즈 사업 초기에는 일치하지 않을 때가 많다.

필자가 느끼는 안타까운 일 중에 하나가, 신규 매장 개발능력은 탁월한데, 그 몇 개 매장만 인정받을 뿐 매장이 대중화되고 확산되지 못하는 프랜차이즈 회사들이 많이 있다. 통상은 그런 회사의 CEO들은 브랜드 개발능력과 아이디어는 뛰어난데, 조직관리 능력이나 시스템 구축과 활용능력은 뛰어나지 못할 때가 많다. 주변의 인정은 받고 싶고, 창작욕구(?)는 넘치니까 자꾸 신규 매장만 만들어 내는 것이다.

프랜차이즈 회사는 신규매장 개발에 착수해서 오픈하면 직접 투자비용, 간접비용, 개발비용, 기회비용, 특히 CEO가 그 시간에 다른 사업을 못하고 집중한 기회비용을 감안하면 매장의 소형, 중형, 대형에 따라 다르지만 적어도 중형매장의 기준으로 최소 50개~100개는 오픈해 주어야 손익을 거두고 기본성공을 했다고 볼 수 있는 것이다. 한개 브랜드 내놓고 전국을 석권하지 못한 회사는 그 다음 브랜드도 전국을 석권할 수 없다.

왜냐하면, 그 회사는 전국을 석권할 수 있는 시스템(마케팅 능력, 매장관리 능력, 점포개발 능력, 물류능력)을 아직 못 갖춘 것이다. 프랜차이즈 회사는 장수하고 계속 생존하려면 어떤 브랜드이건 바다건너 제주도까지의 전국 석권이 지상 목표가 되어야 한다. 그래야 건실한 프랜차이즈 시스템을 보유한 프랜차이즈 회사로 진입하여 일본처럼 최소 30~40년 이상 장수할 수 있을것이다.

3. 일본시장의 벤치마킹으로 시작하는 프랜차이즈 사업

왜 여기서 미국, 홍콩, 영국, 프랑스도 있는데, 일본으로 국한한 이유는 무엇일까. 프랜차이즈 사업을 계속해 온 사람들에게는 일본시장만큼 국내 도입과 적용에 효과적인 시장이 없다는 사실에 공감하게 되기 때문이다. 물론 예외도 있지만, 결코 많지는 않을 것이다. 일본은 이미 한국보다 선진국으로, 산업화도 매우 빨리 이루어냈고, 프랜차이즈도 우리보다 규모나 질적인 면에서 몇

배 이상 앞서 있다.

　유럽의 브랜드나 미국의 브랜드 중에서 특히, 외식의 경우 쌀을 주식으로 하는 동양인에게 먹히고 안 먹히는 것이 검증된 곳이 일본이다. 또 일본은 한국보다 인구가 많고 상권이 밀집화 되어 있어 한국보다도 프랜차이즈화에 유리하다. 그러므로 웬만한 서구의 아이템과 브랜드는 일본을 거쳐 도입되거나 동양문화에 맞게 응용단계를 거치게 된다. 그럼에도 일본에서 도입이 안됐거나 성공하지 못했다면 분명한 이유가 있는 것이다.

　그러므로 일본에서 성공한 아이템이 반드시 한국에서도 성공한다고 할 수는 없겠지만, 일본에 없거나 성공하지 못한 아이템이나 브랜드에 대해서는 왜 그랬는지를 정확히 찾아내야 한다. 그 정확히 찾아낸 요소가 한국시장에서는 장애가 없음이 분명할 때 국내에 들어오는 것을 긍정 검토할 수 있지만, 그 이유를 명확히 못 찾을 경우에는 국내 성공 가능성은 거의 없어진다.

　일본시장을 조사할 때, 통상 5개의 상권을 둘러본다. 신주쿠, 시부야, 하라주쿠, 긴자, 록본기로 압축된다. 물론, 이케부쿠로, 우에노, 심바시 등등 더 둘러볼 곳도 많지만, 프랜차이즈 관점에서 주요 5개 상권만 돌아보면 일본의 선진화된 프랜차이즈 진행 상황의 흐름은 파악할 수 있게 된다.

　신주쿠는 우리나라의 신촌과 같은 젊은이의 대중적 상권이고,

시부야는 소비 수준이 좀더 높은 우리 강남상권과 유사하고, 하라주쿠는 우리의 대학로와 유사한데 그 옆에 오모테산도라는 명품가와 그 골목길은 눈여겨 볼만한 상권이다. 긴자는 알려진대로 우리의 명동상권과 비슷하다. 다만, 최근 롯본기 힐즈, 도쿄 메드타운 등으로 부상하고 있는 롯본기 상권은 최첨단의 고급 브랜드로 꽉 짜여져 있는데, 딱히 우리나라와 견줄 곳이 아직은 없는 듯하다. 용산의 초고층빌딩 개발이 이루어지면 롯본기상권과 유사해질 것으로 예상된다.

일본의 이런 상권을 조사하다 보면, 우리나라보다는 변화속도가 완만한 것을 느낄 수 있다. 정말 우리나라는 고도 성장해 온 개도국인 탓에 변화와 발전속도가 매우 빠른 변화무쌍한 프랜차이즈 국가이다. 그래서 프랜차이즈본사가 생존하고 장수하기가 매우 어려운 상권의 흐름과 트랜드를 가지고 있는 나라인 셈이다.

일본에서 벤치마킹할 때, 너무 앞선 것을 들여오지 않는것이 낫다. 시장개척의 선봉에 서야 하는 아이템은 자칫 시장개척의 공로자로 남을 뿐 사업의 열매는 후발주자가 가져가기 쉽기 때문이다. 대기업도 마찬가지이다. 대기업이라 해도 프랜차이즈분야에 뛰어드는 회사 대부분이 프랜차이즈를 잘 모르는 상태라, 도입 이후 단기간에 목표 수익이 오르지 않을 경우, 사업을 장기전략으로 가져갈 확신을 가진 전문가가 회사내에 없기 때문이다. 신규 사업의 책임자는 열매가 맺기 전에 자리이동을 감수해야 하고, 후임자도 전문가인 경우는 드물어 우왕좌왕하는 전략으로 흘러가 성공할 수 있음에도 실패해 버리는 사례가 너무 많기 때문이다.

2000년대 중반 모 대기업과 일본 시장조사를 간 적이 있었는데, 당시 일본도 그런 매장이 전국에 10개가 채 되지 않았다. 그런 아이템을 벤치마킹해서 국내에 도입하면 실패할 가능성이 너무 높은데, 그 회사의 보유상품과 밀접한 관련이 있고, 또 회장단에서 도입은 이미 결정된 상태라 반대의 의견도 무시되어 버리고 무리하게 도입을 결정하였다. 그 매장은 요즘 뜨고 있는 가로수길 상권에 오픈했지만, 결국 1년은 고사하고 수개월 만에 철수하고 말았다.

4. 외국 브랜드의 한국지사 설립으로 시작하는 프랜차이즈 사업

국내에 도입되어 성공한 외국 브랜드는 아웃백, 던킨도너츠, 베스킨라빈스, 피자헛 등등 많은 성공사례가 있다. 반대로 실패한 브랜드 또는 어려움을 겪는 브랜드도 많다. 라운드 테이블 피자, 요시노야, 웬디스, 서브웨이 등이 있다. 해외에서 검증되고 유명세를 타고 있고 브랜드 파워도 높은 브랜드를 유치하는 일은 매우 중요한 일이다.

하지만 과거의 사례에서 보듯 유치가 곧 성공은 아니며, 해외에서 도입후 국내 정착이라는 큰산을 한번 넘어야 성공할 수 있다. 국내에서 성공한 외식 브랜드의 공통점이 두가지 있다. 첫째는 한국화의 성공이고, 둘째는 상권전략의 성공이다. 아웃백은 T.G.I프라이데이 보다도 훨씬 후발주자 였지만 국내 TOP브랜드가 되었다. 패밀리 레스토랑 컨셉을 최대한 유지하면서도 메뉴를 한국인의 입맛에 최대한 접근했다. 상추도 제공하고, 김치까지도 제공하는 파격을 선보였다.

이 두가지의 추가로 성공했다는 것이 아니라, 서구식 패밀리 레스토랑에서 당시엔 금기시 된 한국식 음식들을 고객 눈 높이와 입맛에 맞추어 과감하게 적용할 만큼 틀을 깰 수 있는 경영진의 마케팅 마인드가 탁월하고 훌륭하다는 것이다. 그 탁월한 마인드가 나머지 전략들도 고객 중심으로 펼쳐져서 최근 패밀리 레스토랑 업계가 어려움을 겪고는 있지만, 아웃백의 성공을 가져온 것이다.

파파이스는 한때 국내 외국 패스트푸드 중 메인 브랜드 중의 하나였지만, 현재는 매장이 계속 줄어드는 어려움을 겪고 있다. 2000년대에 들어서면서 패스트푸드에 대한 트랜드와 고객의 선호도가 많이 바뀌었다. 고객 취향에 맞추어 메뉴개발과 개선이 되어야 하는데 파파이스는 메뉴에 손대기가 쉽지 않다고 한다. 메뉴 변경 및 개발은 미국 본사의 허가사항인데 매우 까다로와서 메뉴 변경이 어렵다고 한다. 고객은 계속 이탈하는데, 고객을 잡아줄 메뉴가 그 속도 만큼 따라주지 않는다면 매장은 문을 닫을 수밖에 없다.

미국의 유명브랜드인 치즈케익팩토리는 대기업들이 국내 도입을 위해 줄서고 있는 상태이다. 외국의 유명 브랜드를 들여오기도 쉽지만은 않지만 들여올 때의 계약조건도 매우 중요하다. 파파이스는 그런 조항이 아니면 벌써 많은 생존전략을 매장에 내놓았을텐데 하는 아쉬움이 든다. 브랜드를 들여올 때의 조항도 어느 시점이 되면 한국화시켜야 한다는 조항이 들어있어야 하고, 필히 또 관철시켜야 한다.

둘째, 상권전략의 성공이다. 세계 최대 브랜드 중의 하나인 서브웨이를 보면서 늘 갖는 생각이기도 하다. 일본의 서브웨이는 매장도 많고 성업중인데, 한국의 서브웨이는 아직도 성공궤도 진입을 못하고 있다. 그 주요인은 상권이다. 서브웨이 매장은 현재로선 대형상권에 목 좋은 곳에 입점해야 한다.

적어도 해외 패스트푸드의 사업 초기 상권전략은 롯데리아, 맥도날드와 같이 대형상권 A목에 입점이 기본이다. 여기서 탄력을 받은 후 고객층이 넓어지고 대중화 되면서 중형상권에 입점해야 하는데, 서브웨이는 너무 중소형 상권으로 입점이 되어있어 성공할 수 있는 브랜드임에도 아직은 빛을 충분히 보고 있다고 하기 어려운 것이다. 이외에도 브랜드는 우수한데 상권전략의 실패로 성공으로 치고 나가지 못하는 브랜드들이 많은 것은 안타까운 일이다.

5. M&A를 통한 프랜차이즈 사업

이랜드는 최근 M&A를 통해 회사규모를 매우 많이 성장시켰다. 이랜드의 홈에버를 홈플러스에 다시 매각하기는 했지만, 회사규모가 30대 그룹의 수준으로 접근하고 있다. 프랜차이즈에 있어서도 이랜드 사례에서 보듯 M&A는 유용한 사업확장의 기회인 것은 동일한 것 같다.

그러나, 프랜차이즈 사업의 핵심역량을 가지고 있는 기업이 M&A를 할 경우와 프랜차이즈 핵심 역량이 없이 이제 새롭게 프랜차이즈 분야를 진출하려는 기업의 경우가 매우 다르다. 또 직영점 위주의 프랜차이즈 회사를 인수하는 것과 가맹점 위주의 프랜차이즈 회사를 인수 하는 것은 매우 다르다.

M&A 진출에 따른 Case별 효과

구 분	직영점 위주 프랜차이즈사업	가맹점 위주 프랜차이즈사업
프랜차이즈 핵심역량 보유 회사	Best	Bad
프랜차이즈 핵심역량이 없는 회사 (신규사업 진출 회사)	Not Bad	Worst

▶ Best Case - 프랜차이즈사업의 핵심 역량을 가지고 있는 기업이 직영점 위주의 기업을 M&A 하는것은 매우 좋은 케이스이다. M&A 이후 사업의 성공가능성이 매우 높고 빠른시간 안에 사업규모를 성공적으로 확대해 갈 가능성이 높다.

▶ **Not Bad Case** – 이제 프랜차이즈를 새롭게 진출하려는 회사가 직영점 위주로 되어있는 프랜차이즈 회사를 인수하는 케이스는 그런대로 접근해 볼만한 M&A라고 본다. 신규사업 진출 회사의 최대 취약점인 핵심역량의 부족을, 직영점 위주의로 운영되는 회사를 통해 핵심역량을 얻을 수 있는 기회가 일정부분 있지만, 이때 자사내에 핵심역량을 갖춘 CEO나 본부장급 인력을 스카웃할 수 있어야 M&A의 효과를 거둘 수 있다.

　인수당하는 회사는 무언가 핵심역량에 문제가 생겼기 때문인데, 그 부분을 정확히 선별해서 개선해 낼 인력이 자사내에 있어야 인수되는 회사내에서 필요한 역량과 부족한 역량을 보강하여 브랜드를 새롭게 성공시킬 수 있다.

▶ **Bad Case** – 프랜차이즈 핵심역량을 보유한 프랜차이즈 회사라 해도, 인수대상 기업이 가맹점 위주일 때는 2가지 문제점으로 나누어 보아야 한다. 매장의 매출부진이 브랜드 경쟁력이 약해서인지, 아니면 매장 입점(상권과 목)이 부적절 해서인지를 나누어 보아야 한다. 후자의 경우엔 본사가 새롭게 인수를 해도 상권선정이 잘못된 가맹매장을 살려낼 방도는 전혀 없다.

　있다면 가맹 점포를 적합한 상권으로 이전해 주어야 하는데, 이는 이미 지급된 권리금문제, 매장 인테리어 시설비 문제에 부딪쳐 본사가 100% 또는 상당액을 지원해 주지 않는 한 어려운 일이다. 결국 브랜드를 정상화하기 위해서는 가망성없는 가맹점은 폐점절차를 밟는것이 최상인데 그 과정에서 대기업이나 자금력이 있는 기업은 가맹점주들로부터 곤혹스러운 과정을 겪게 되는게 일반적이다. 쉽지않은 소모적 과정이라 그 시간에 다른 신규 브랜드에 집중하는 것이 훨씬 효과적이다.

▶ Worst Case - 가장 나쁜 Case는 프랜차이즈 역량이 없는 회사가 가맹점 위주로 된 프랜차이즈 본사를 인수하는 경우이다. 프랜차이즈 핵심역량이 없는 회사가 가맹점 위주 프랜차이즈 기업을 인수해도 인수당하는 프랜차이즈 본사는 프랜차이즈사업에 실패한 케이스이므로 그 회사 내에서 핵심역량을 얻지 못할 가능성이 많다.

특히, 인수된 기업의 가맹점들이 브랜드 경쟁력의 문제가 아닌 상권전략이 약해서 가맹매장 입점이 부실한 경우는 해결 자체가 불가능하다. 인수하려는 회사도 상권전략을 수정할 수 있는 선별능력이나 노하우를 가지고 있지 못하기 때문에, 이 경우는 M&A를 진행하지 않는 것이 최선책이다.

VI. 한국시장의 프랜차이즈 상권 전략

1. 프랜차이즈 상권 전략의 중요성
2. 일반상권
3. 특수상권(중형상권)

Ⅵ. 한국시장의 프랜차이즈 상권 전략

1. 프랜차이즈 상권전략의 중요성

　프랜차이즈에는 대형, 중형, 소형이 있는데 그 분류에 따라 들어가야 할 상권이 따로 정해져 있다. 상권을 잘못 들어가면 아무리 프로모션을 해도 별 의미가 없다. 대형 프랜차이즈는 대형상권에, 중형 프랜차이즈는 중형상권과 중형 특수상권에, 소형 프랜차이즈는 소형상권에 입점해야 한다.

　여기서 중요한 문제는 프랜차이즈를 대형, 중형, 소형 프랜차이즈 중 어느것에 해당하는 지를 정확하게 분류할 수 있는지의 여부이다. 그 다음은 상권을 대형, 중형, 소형 상권으로 분류할 수 있어야 한다. 그러나 그 작업이 그리 간단치만은 않다.

　우리는 주위에서 '장사는 목' 이라는데 목만 좋으면 됐지. 상권이야 대충 알아서 들어간 후, 좋은 목에서 열심히 장사해서 매장이 성공하면 되지 않겠는가 하는 생각을 갖는 경우를 많이 보게 된다. 하지만 같은 학원이라도 보습 학원은 소형 상권이 가능하지만, 어학 학원은 중형 프랜차이즈 상권에 입점해야 한다.

비디오 대여점은 소형 상권에 입점해도 무방하지만, 비디오를 직접 보는 비디오방은 중형 프랜차이즈로 중형 상권에 들어가야 투자비를 회수하고 수익을 내며 영업을 계속 할 수 있다.

그렇다면, 왜 유사해 보이지만 상권이 달라야 하는 걸까?
그 기준은 무엇일까? 그 기준이 수학공식처럼 딱 떨어질 수는 없으며 매우 다양해서 케이스 바이 케이스(case by case)로 접근해야 하는 경우도 있지만, 그 중 2가지 주요 기준을 보면 다음과 같다.

첫째는 고객층이 어디 있느냐에 하는 점이다. 비디오를 취급하는 두 매장이 있다고 하자. 하나는 비디오 대여점이고 또 하나는 비디오방이다. 둘다 비디오를 취급하지만 고객층은 매우 다르다. 비디오 대여점은 초등학생, 중고생, 대학생, 직장인, 신혼부부, 중년부부까지 다양하다.

그러나 비디오방은 거의 연인들이나 젊은 직장인, 학생 등이 주 고객층으로 20대 고객 위주로 편중되어 있다. 비디오 대여점이 동네 즉 소형 상권에 입점할 경우, 고객층이 넓어서 동네라는 소형 상권에서도 충분히 고객확보가 가능하지만, 비디오방이 소형 상권인 동네에 입점한다면 그 동네에서 서로 사귀는 연인이나 젊은층이 얼마나 될 것이며, 바로 집이 지척인데 1,500원이면 빌려서 한 편 관람할 수 있는 것을 7,000~8,000원 씩을 주고 굳이 집 앞에서 보고 들어갈 고객이 몇이나 되겠는가?

둘째, 구매 주기(혹은 이용주기)에 따라 상권이 결정된다.

다음과 같이 15평에 2개의 점포가 오픈을 준비중이라고 할 때 그 점포의 상권이 어떻게 다른지 아니면 동일한지를 살펴보도록 하겠다.

두 매장 모두 15평의 소형 규모의 매장이라고 볼 때 두 매장

A 점포(15평)		B 점포(15평)	
스파게티 전문점		일반식당	
(메 뉴)		(메 뉴)	
① 이탈리아 스파게티	\ 9,000	① 백　　반	\ 4,500
② 안심 스파게티	\ 12,000	② 김치찌개	\ 5,000
③ 해물 스파게티	\ 13,000	③ 순 두 부	\ 5,000
④ 로마 스파게티	\ 10,000	④ 제육볶음	\ 9,000
객단가	10,000원 내외	객단가	7,000원 내외

다 동일한 상권에 입점할 수 있지 않을까 생각될 수도 있다. 과연 그럴까?

우선 15평의 일반식당부터 분석해보자.

일반식당의 경우라면 하루 평균 위와 같은 정도의 가격대로 100명 정도의 고객이 입점하면 손익분기점을 넘길 수 있다. 일반 소형 식당은 일매출 70만원 이상이면 실제 손익을 넘기기 시작

한다. 마찬가지로 15평 스파게티 매장의 경우도 100명 정도의 고객이 매일 찾아주면 손익분기점을 넘길 수 있다. 스파게티 매장 역시 일매출 100만원이면 충분히 손익을 넘길 수 있다.

그렇다면 이 두 매장이 매일 100명의 고객으로 채워지면 두 매장의 경영은 성공하게 된다. 매장 방문 고객은 소위 '단골'이라고 하는 고정고객과 지나는 길에 한번 이용해 보는 '뜨내기'라고 말하는 유동고객이 있다. 그렇다면 이 두 매장 모두 매일 100명을 채울 수 있는 고정고객을 확보해 놓으면 그날 그날 달라지는 유동고객의 입점에 촉각을 곤두세우지 않고 안정된 매장운영을 할 수 있으므로 고정고객 확보를 주안점으로 삼아야 한다. 외식업은 터미널이나 역앞과 같은 특수한 상권을 제외하고는 대부분 최소 70~80% 이상의 고정고객으로 영업이 이루어지기 때문이다.

15평의 일반식당은 몇 명의 고정고객이 확보되어야 매일 100여명의 고객으로 가득 채울 수 있을까? 보통 직장인의 경우를 기준으로 보면 한 식당을 매일 이용하는 경우는 드물고 2~3일에 한번 꼴로 이루어진다고 볼 때, 이 15평의 일반식당은 약 200~300명의 고정고객만 확보해 놓으면 매일 고정고객만으로도 100명의 고객을 채울 수 있다. 거기다 지나가는 유동고객까지 와준다면 안정적인 점포경영으로 성공할 수 있는 것이다.

그렇다면 15평의 스파게티 전문매장은 몇 명의 고정고객이 확보되어야 매일 100명의 고객으로 가득 채울 수 있을까?

스파게티는 신세대가 선호하는 메뉴중 하나이고 패스트푸드매장에서 3,000원 정도하는 오븐 스파게티의 이용도 많아지고 있지만 여기서는 그런 종류의 간이점포 스파게티가 아니라 스파게티만을 다양하게 취급하는 전문점만을 살펴보자. 전문점의 가격대가 7,000~13,000원임을 감안하면 그 이용주기는 스파게티 매니아가 아닌 이상 뜸할 수 밖에 없다.

1년에 한 두 번씩 찾은 층도 있고 한달에 한 두 번 찾는 층도 있다. 동일한 스파게티 매장의 평균 방문주기는 상권과 목에 따라 또 주변지역에 따라 달라지지만 평균 20~30일에 1번 정도이다. 즉 20~30일 정도를 주기로 방문한다고 하면 매일 100명의 고정고객으로 채우기 위해서는 약 2,000명에서 3,000명의 고정고객을 확보해야한다. 같은 15평 매장이라도 일반식당은 200~300명의 고정고객이면 충분하므로 소형 상권에 입점해도 그 고객수 확보가 가능하지만, 15평 스파게티 매장은 그 10배에 해당하는 2,000~3,000명의 고정고객을 확보하기위해서는 최소 중형상권에 입점해야 충분한 고정고객의 확보가 가능하다.

실제로 스파게티 전문점 프랜차이즈들은 현재의 고객수요와 이용빈도 등을 종합해 볼 때 매장규모가 15평 내외의 소형일지라도 중형 프랜차이즈로 전개해야 안전하게 성공할 수 있다. 마찬가지로 월남 국수 전문점들도 사업초기에는 대형 프랜차이즈로 접근해야 살아 남을 수 있었다. 현재는 점차 그 수요가 늘어나 중형 프랜차이즈의 접근도 가능하다.

통상 외국에서 들어온 외식 단일 아이템 전문점들, 특히 식사용 주식으로 접근되는 외국 외식 전문점들은 대형 프랜차이즈로 전개되어야 한다. 대중적 수요가 많아지고 이용이 보편화되면 중형 프랜차이즈전개가 가능하겠지만 초창기에는 대형 프랜차이즈로 전개해야 승산이 있고 안전하게 성공할 수 있다.

이와 같이 프랜차이즈 매장의 크기로 상권이 결정되는 것이 아니라 고객층 분포, 구매주기 등을 고려해서 상권이 결정되어야 하며, 상권을 잘못 선택하면 판촉과 마케팅 등 모든 것을 동원해도 결국 매장운영은 실패하게 된다. 그러므로 프랜차이즈는 어느 브랜드(혹은 아이템)를 가지고 어떤 상권에 들어가느냐가 매우 중요한 요소인 것이다.

2. 프랜차이즈 일반상권

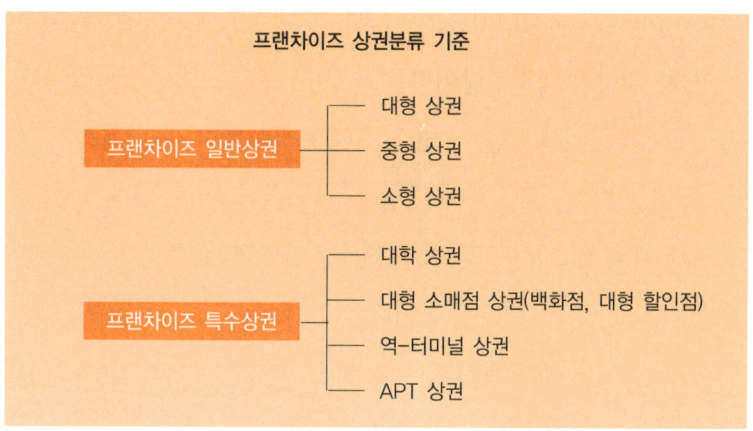

프랜차이즈 상권는 일반상권과 특수상권으로 나누어 사업을 전개해야 한다. 일반상권은 보통 재래상권으로 오래전부터 서서히 형성되어온 상권들을 말한다.

1) 대형상권

(1) 국내에는 몇 개의 대형상권이 있는가?

이 상권의 특성은 밀집 번화가라는데 있다. 서울의 명동상권, 신촌상권, 종로상권, 영등포상권, 청량리상권, 강남역상권, 신천상권 등과 부산의 서면상권, 남포동상권, 경성대 상권 등이 있고 춘천의 명동상권, 대전의 유성상권, 전주의 중앙동상권, 광주의 충장로상권 등과 같은 밀집 번화가로 형성된 상권을 말한다.

우리나라에는 100여개 내외의 프랜차이즈 대형상권들이 있다.

(2) 어떤 아이템이 대형상권에 입점해야 하는가

　이 대형상권에 들어가는 아이템을 보면 다음과 같다.
　첫째, 패밀리 레스토랑이다.
　아웃백스테이크하우스, 빕스, TGI프라이데이, 베니건스, 시즐러, 등이 있다.
　둘째, 외국 패스트푸드의 초기 전개 시에 이 대형상권에 들어간다.
　맥도날드, KFC, 버거킹 등이다.
　셋째, 외국 음식으로서 단일 아이템 취급 전문점들이 이 대형상권에 입점해야한다.
　인도음식전문점 강가(Gangga), 바닷가재전문점 등이다.

2) 중형상권

(1) 국내에는 중형상권이 몇 개나 있는가?

　중형상권은 밀집 변화가인 대형상권보다는 작고 동네상권인 소형상권보다는 큰 규모의 상권인 지역번화가를 말한다.
　중형상권이 대형상권과 다른점은 먼저 상권의 크기가 작다는 것이다. 유명 패스트푸드를 기준으로 볼 때 맥도날드, 롯데리아, 파파이스, KFC 버거킹 등이 모두 입점해도 입점매장수와 매장 매출이 큰 변동이 없을 만큼의 충분한 고객 수효가 넘쳐나는 곳은 대형상권만이 가능하다.

또 대형상권과 중형상권이 다른 점은 고객특성이다. 대형상권의 고객은 그 상권의 인근지역 사람들이 아니다. 지역을 초월해서 고객층이 형성된다. 신촌의 고객층은 상계동, 마장동, 마포, 일산, 서초, 상도동 등에서 찾아온 매우 다양하게 고객층이 형성되는 대형상권이다.

반면 당산역 상권의 주 고객층은 인근지역인 영등포, 당산동, 목동 근처에 사는 고객이나 당산역 근처의 직장인들로 70~80% 이상 이루어져 있는 중형상권이다.

아이템에 따라 입점 가능상권의 차이를 보이기 때문에 일률적으로 말하기는 어렵지만 이 중형상권은 국내에 대략 300개 내외의 상권이 있다. 이랜드의 의류브랜드 -이랜드, 언더우드, 브렌따노- 등이 전형적인 중형프랜차이즈인데 이들 매장의 최대치는 300개 내외 수준이었다. 이랜드 의류브랜드는 중형프랜차이즈로서 중형일반상권에만 입점하고 중형특수상권에는 입점하지 않는 특성이 있다.

물론 300개 내외의 중형상권의 숫자 안에는 대형상권 100개 내외가 포함된 숫자이다. 단, 중형 특수상권의 숫자는 300~400개 수준이다. 그러므로 중형상권과 중형 특수상권을 합한다면 중형프랜차이즈의 최대 매장 입점 가능한 수는 600~700개 까지 가능하다.

(2) 어떤 아이템이 중형상권에 들어갈수 있는가.

첫째, 외식업에서는 놀부부대찌게, 닭갈비집, 맥주광장, 소주방, 아이스크림전문점 등이 있다.

둘째, 판매업에서는 이랜드, 언더우드와 같은 의류점, 목욕용품점, 귀금속점, 팬시점, 악세사리 전문매장 등이 있다.

셋째, 서비스업에서는 중형 미용실, PC게임방, 컴퓨터 교육 프랜차이즈, 컴퓨터 수리점 등은 중형상권에 입점해야 매장이 성공할 수 있다.

3) 소형상권

(1) 국내에 소형상권은 몇 개나 있는가

상권규모가 중형상권보다는 훨씬 작다. 중형상권의 고객성향이 유동고객층과 고정고객층으로 나뉘는데 반해 동네상권은 대부분이 고정고객들 위주로 고객층이 형성되어 있는 고객층의 변화가 거의 없는 고여있는 상권이다. 국내는 행정구역상 4,000여 개의 동이 있다. 이중 임야지역, 군사지역, 시골작은 읍들을 빼고 나면 입점가능 지역은 약 1,500~2,000개 내외이다.

소형 프랜차이즈인 투다리는 본사의 주장대로라면 1,800개가 넘는 매장을 오픈했고, 처갓집 양념통닭 등의 치킨 프랜차이즈에서 1,200개, 1,300개의 매장을 넘긴 사례는 많이 있다. 파리바게뜨도 이제 2,000개 가까운 매장으로 성장하였다. 편의점들도

2,000여개를 넘기는 브랜드도 생겨나고 있다.

(2) 소형상권에는 어떤 아이템이 입점해야 하는가?

　외식업은 베이커리, 소규모 호프집, 소규모 소주방, 소규모 이자까야(일본식 선술집)와 배달 가능한 아이템들은 거의 해당되며 피자, 치킨, 만두 김밥집 등이 이에 해당된다. 판매업은 소형 정육점, 편의점, 반찬 전문점, 이유식 전문점 등이 해당된다. 서비스업은 10평내외의 소형 미용실, 비디오 대여점, 부동산 프랜차이즈, 세탁 편의점 등이 해당된다.

3. 프랜차이즈 특수상권

　여기서 다루는 특수상권 4가지 유형은 모두 중형상권으로 분류된다.
　일반상권은 상권형성이 최소한 수년 혹은 수십년 기간을 거쳐서 서서히 형성되는 상권들이다. 반면 특수상권은 어느 한순간 일시에 생겨날 수 있는 상권이다. 이곳에서 다루는 특수상권은 모두 중형 프랜차이즈가 입점할 수 있다는 특성을 가지고 있다.
　예를 들어 신촌, 영등포, 청량리 같은 일반 상권은 수 십년 이상의 세월을 거쳐 상권이 만들어져 왔다. 그러나 지방분교와 같은 대학상권의 경우는 과거 논과 밭 뿐이였지만 그곳에 학교를

신축하고 개교하는 날부터 그 대학 학생을 주고객으로 하는 상권이 하루아침에 생겨난다. APT단지도 5,000세대가 산을 깎고 들어서서 입주가 시작되면 산 뿐이었던 이 지역에 새로운 상권이 일시에 탄생하게 된다. 이러한 상권을 필자는 특수상권으로 분류해 놓고 프랜차이즈 전략을 세워 사업을 전개해 왔다.

1) 단일 대학 상권

우리가 흔히 말하는 대학가는 이대앞, 신촌, 돈암동과 같이 대학상권으로 시작했으나 이미 대형화된 대형상권을 말한다. 이 책에서 다루는 대학상권은 해당 대학 학생만을 주고객층으로 하는 단일 중형상권을 말한다.

예를 들어 이대앞은 대학가이지만 이대생보다는 타지역고객이 더 많다. 고대앞은 단일대학상권에 해당되고 고대는 거의 고대생이 주고객층이다. 전문대학은 보통 2년제이며 학생수가 작아 중형상권에 해당되는 상권이 없다. 동양공업대학이 그 중 학생수가 5,000~6,000명 내외로 많은 편이나 중형 프랜차이즈를 입점시킬 경우 매출이 약화되는 상권으로 검증된 바 있다.

4년제 대학은 전국적으로 200여개정도 있는데 보통은 그 중 학생수가 일만명 이상이면 충분한 중형상권에 해당된다. 최소한 학생수가 7~9천명수준일 때 중형 프랜차이즈가 입점할 수 있는

지역별 대학수

1. 10,000명 이하

(단위 : 개)

지역	대학교	정원수
서울 경기권	성균관대 (수원)	8,187
	건국대 (충주)	7,671
	한양대	9,071
	아주대	8,816
	성신여대	8,157
	중앙대 (안성)	9,311
	한국외대	7,980
강원 제주권	제주대	9,909
	연대(원주)	7,620

지역	대학교	정원수
경상권	신라대	9,668
	창원대	8,414
	동국대 (경주)	8,839
	경일대	4,627
호남권	순천대	7,839
	우석대	7,516
	군산대	7,321

2. 10,000명~15,000명

(단위 : 개)

지역	대학교	정원수
서울 경기권	동국대 (서울)	12,873
	건국대 (서울)	13,907
	홍익대 (서울)	11,081
	중앙대 (서울)	13,077
	수원대	10,690
	단국대 (용인)	10,311
	숙명여대	10,168
	경희대 (용인)	11,854
	성균관대 (서울)	10,627
	숭실대	13,089
	서울산업대	12,508
	경희대 (서울)	12,301
	경기대 (수원)	11,578
	이화여대	14,658

지역	대학교	정원수
경상권	경성대	12,965
	경남대	13,311
	울산대	12,843
호남권	전주대	10,534
	한남대	11,734
충청권	단국대 (천안)	11,557
	청주대	12,991
	충북대	14,470

3. 15,000명 이상

(단위 : 개)

지역	대학교	정원수	지역	대학교	정원수
서울 경기권	인하대	17,620	경상권	대구대	17,616
	연세대 (서울)	18,588		부산대	18,533
	고려대 (서울)	19,454		동아대	20,212
	서울대	16,990		영남대	22,865
	한양대 (서울)	15,685		경북대	21,342
				동의대	15,978
충청권	충남대	18,588	호남권	전북대	17,114
				전남대	18,321
				조선대	20,854

상권이 된다. 현재 중형 프랜차이즈가 입점가능한 전국 대학상권 수는 약 60개 내외가 있다.

단, 대학교마다 특성이 있는데 지방 분교의 경우나 서울 인근 지방대학은 학생들이 방과 후 급속히 빠져나가거나 방학때 학생 수가 급격히 줄어드는 상권도 있으므로 학생수만 가지고 상권을 접근해서는 안되며, 학생 재적수를 기본출발로 하여 상권분석을 면밀히 검토해야 한다.

2) 대형소매점 상권(백화점 상권, 대형할인점 상권)

백화점 역시 새로 오픈 하게 됨과 동시에 입점 가능한 중형상 권이 형성된다. 전국적으로 80여개의 백화점이 있으나 모든 백화점에 입점 가능한 것은 아니다. 백화점 매장규모가 대략 3,000여평 이상 되어야 하며 이 규모를 출발점으로 백화점 이용고객수와 고객층을 조사한 후 입점해야 한다. 국내에 E마트와 같은 대형소매점은 약 200개 정도가 있다.

3) 기차역·터미널 상권

전철역은 이미 중형 일반상권에 속하며 전철역이 서울의 경우 거의 중형상권에 들어가 있으며, 여기서는 일반철도역을 말하며 용산역, 원주역과 같은 기차역을 말한다. 또한, 고속버스터미널, 시외터미널 등이 해당된다. 이 역시 하루 이용객이 일정수준 이상인 곳에 해당된다.

4) 단일 APT단지 상권

여기서는 분당단지, 일산단지를 말하는 것이 아니다.
벽산 APT단지(30개동), 삼성 APT(40개동)단지와 같은 단일 APT단지를 말한다. APT단지의 가구수와 평형대의 크기에 따른 소득수준에 따라 아파트 몇 개동 이상일 때 중형 프랜차이즈가 입점할 수 있는지가 결정된다.
전국적으로 2,000세대 이상의 단지가 약 100여개 이상 있는 것으로 조사되었다.

백화점 입점 현황

2008년 12월 31일 현재 3,000m² 이상의 백화점 기준

(단위 : 개)

NO	백 화 점 명	입 점 수
1	롯데	25
2	현대	11
3	갤러리아	7
4	신세계	7
5	동아	5
6	GS스퀘어	3
7	그랜드	2
8	애경	2
9	NC	2
10	대우	1
11	세이	1
12	진주코아	1
13	대동	1
14	동서	1
15	대구	1
16	올리브	1
17	아이파크	1
18	행복한 세상	1
19	경방필백화점	1
20	야우리	1
21	태평	1
22	삼성프라자	1
23	흥업	1
24	대백프라자	1
	계	79

지역별 입점 현황

2008년 12월 31일 현재 3,000m² 이상의 백화점 기준

(단위 : 개)

NO	백화점명	입 점 수	
1	서울 강남	8	
2	서울 강서	7	25
3	서울 강북	5	
4	서울 중부	5	
5	인천/부천	6	
6	수원/안양/안산/평촌	6	
7	일산	2	
8	춘천	1	
9	분당/죽전/구리	4	
10	천안	2	
11	청주	1	
12	구미	1	
13	포항	1	
14	대전	4	
15	전주	2	
16	공주	3	
17	순천	1	
18	진주	1	
19	울산	3	
20	마산/창원	4	
21	대구	8	
22	부산	4	
계		79	

VII. 한국시장의 프랜차이즈 전개 전략

1. 대형 프랜차이즈 전개전략
2. 중형 프랜차이즈 전개전략
3. 소형 프랜차이즈 전개전략

Ⅶ. 한국시장의 프랜차이즈 전개 전략

프랜차이즈 상권과 프랜차이즈 전개기준표

프랜차이즈		프랜차이즈 상권	
		일반 상권	특수 상권
대형 프랜차이즈	· 아웃백 스테이크 · E-마트 · 시사영어사 학원	· 대형 상권 전국 100개 내외	분류대상 없음
중형 프랜차이즈	· 보디가드 · 언더우드 · 놀부부대찌개 · 미니골드 · 피쉬 앤 그릴	· 중형 상권 전국 300개 내외 (대형 100개 포함)	· 대학상권 · 대형소매점 　(백화점, 할인점) · 역-터미날상권 · APT 상권 　약 300~400개 내외
소형 프랜차이즈	· 세븐일레븐 · 파리바게뜨 · 투다리 · 교촌치킨	· 소형상권 2,000개 내외	분류 대상 없음

1. 대형 프랜차이즈 전개 전략

1) 국내에서 운영 가능한 최대 매장수는 몇 개인가

과연 국내에서 대형프랜차이즈 최대 매장 개설수는 몇개로 가져 가야하는가.

앞에 서술한 바와 같이 대형 프랜차이즈는 대형상권에 입점해야 하며, 한 상권에 1개 매장 이상을 개설해서는 안된다. 2개 매장이 개설될 경우 자칫 2개 매장 모두가 수익률이 현저히 떨어지거나 공멸할 위험이 있다. 중형 프랜차이즈는 대형상권에 2개~3개정도까지 매장이 오픈되어도 운영유지가 가능한 아이템이 있지만 대형 프랜차이즈는 한 상권 1개 원칙이 지켜져야 한다.

국내에 100개 내외의 대형상권이 있으므로 최대 매장 개설수는 아이템에 따라 다소 차이는 보이지만 최대 100개 내외의 매장이 전국적으로 개설될 수 있다.

그러므로 물류시스템이나 프랜차이즈 인력구성, 최대매출 추정치 등 모두가 최대매장수를 100개 내외를 기준으로 기획되어야 성공적인 프랜차이즈 시스템을 구축할 수 있다.

2) 왜 직영점 위주로 전개되어야 하는가

대기업에서 운영하는 패밀리 레스토랑 매장의 경우 대졸사원이 입사해서 어시스턴트 매니저를 거쳐 단일 매장의 정식매니저가 되는데, 약 3년~5년 정도의 시간이 소요된다. 이처럼 매장서빙에서 주방조리 기법, 아르바이트생 관리법, 고객 접대법 등을 익히고 이런 것들이 몸에 베어 매니저로서 충분히 능력을 구사할 수 있는 기간이 적어도 3년에서 4년 이상 소요되는 것이 대부분 대형 프랜차이즈 매장들의 특성이다.

이는 매장이 크고 시스템이 상당히 복잡하기 때문에 그렇다.
만일 대형 프랜차이즈가 가맹을 받는다면 점주의 기본자질이 뛰어나다해도 수 년의 교육기간이 필요하다. 매장운영의 매니지먼트는 두뇌회전이 빠른자가 우수한 면이 물론 많지만, 두뇌회전이 요구되는 IQ의 문제 뿐아니라 손님을 대하는 기본마인드와 같은 EQ의 중요성 또한 높다. 더욱이 머리로 외우는 일보다 몸으로 익히는 경험적 요소가 강하기 때문에 희망 가맹점주를 몇 달만 교육시킨 뒤 오픈시켰을 때 매장운영은 실패하기 쉽상이다.

90년대에 (주)놀부의 대형프랜차이즈인 놀부집이라는 중저가 한정식 전문점의 경우 직영점들의 매출성장이 높은 기록을 계속 보이고 있는 가운데 서울 성산동에 있는 성산회관으로부터 가맹비 1억을 받고 놀부집의 가맹 1호점으로 오픈시켰다. 이런 경우는 이미 성산회관이라는 한식집을 수 년간 운영해 온 경험이 많은 업주가 최근 고객들의 좋은 반응을 얻고 있는 놀부집의 매뉴얼을 비롯한 그 시스템들을 받아들인 것이다.

점주가 이미 한식점 운영의 경험과 기본적인 노하우를 갖추고 있는 상태이기에 가능한 것이지 만약 이 분야가 처음인 직장퇴직

자라면 이 가맹은 성립하기 어려우며 가맹이 성립되었다고 해도 이 매장은 결코 성공할 수가 없다. 결국 이 매장도 후에 업종변경이 된 것으로 알려졌다. 이와 같이 대형 프랜차이즈는 매장운영의 전문성을 요하기 때문에 직영위주로 전개해야 한다.

백화점이 대표적인 대형프랜차이즈인데, 백화점의 경우 현대백화점이나 롯데백화점의 점장은 대기업 CEO급이 맡는다. 이처럼 대형프랜차이즈는 대부분 매장규모가 크고 종사하는 인력이 많고, 시스템의 구성이 깊이 있고 높은 수준을 유지하고 있어 프랜차이즈 체인인 가맹사업보다는 레귤러체인인 형태인 직영점 위주로 전개 되는 것이 사업적 승산이 높아 장수브랜드로서 성공할 수 있다.

3) 가맹점 위주로 전개될 수는 없는가

대형 프랜차이즈는 상권도 대형이고 매장크기도 대형이어야하는 고정형 대형 프랜차이즈와 상권은 대형을 필요로 하나 매장은 전개시기와 방법에 따라 대형, 중형, 소형 매장이 가능한 유동형 대형 프랜차이즈로 나누어 볼 수 있다. E마트는 전자에 속하고 이태리 레스토랑은 후자에 속한다. E마트는 대형할인점으로 기본적으로 많은 상품을 준비해야하므로 매장을 10평형 이나 20평형 규모의 소형 매장으로는 불가능하다. 그러므로 대형 상권에 대형 매장으로 들어가야 한다.

반면, 이태리 레스토랑은 앞에서 기술한 바와 같이 대형상권을 필요로 하는데 이 경우 매장은 대형규모보다는 중형(50평~70평)이나 소형(20평~30평)규모의 형태가 더 효율적일 수 있다.

고객층이 얇고 구매 주기가 길기 때문에 대형 상권을 필요로 하는 이태리 레스토랑 같은 유동형 대형 프랜차이즈인 경우는 물론 시스템만 갖출 수 있다면 가맹점주 교육을 통해 큰 차질이 없이 매장이 운영될 수는 있지만, 본사입장에서 전국적으로 100개 내외의 중소형매장을 가맹점으로 확보하고 물류시스템을 가동할 경우 손익을 맞출 수가 없다.

왜냐하면 중소형 매장에서의 매출은 한계가 있기에 그에 따른 유통상품(식자재공급) 구입도 소량인데 반해 물류시스템은 전국 규모 시스템이라면 프랜차이즈 물류시스템은 고물류비용 저유통마진 이라는 최악의 시스템이 되므로 프랜차이즈 가맹 시스템이 갖추어지기 어렵기 때문이다. 결국 본사는 가맹점을 통한 유통수익으로는 손익을 맞출 수가 없어, 직접 운영하는 직영점의 매장 수익을 위주로 손익을 맞추어야 한다. 이와 같은 이유들 때문에 우리 나라에서 고정형 대형 프랜차이즈이든 유동형 대형 프랜차이즈이든 모두 직영점 위주로 전개되는 것이 성공하는 장수브랜드가 될 수 있다.

4) 어떤 아이템이 대형 프랜차이즈로 전개되어야 하는가

(1) 외식업

⊙ **패밀리 레스토랑**

TGI Friday, 아웃백 스테이크, 빕스, 베니건스, 시즐러, 세븐스프링스 등과 같은 패밀리 레스토랑들은 1개 대형상권에 1개 매장씩 입점해야 한다.

⊙ **외국 패스트푸드 초기전개시**

맥도날드 KFC, 버거킹, 하디스, 웬디스 등이 여기에 해당된다. 패스트푸드 매장은 현재 중대형으로 전개하고 있는 외국계 브랜드 매장이 초기전개때에 대형상권에 중·대형매장(최소 50~100평 이상)을 입점시키면서 전개하게 된다. 그렇지만 대형상권에 100개 내외의 매장이 모두 오픈될 무렵부터 중형상권을 공략하게 되며 이때의 매장규모는 중소형매장(30~40평이상)으로 전개되도 충분히 입점 후 성공가능하다.

⊙ **외국 외식단일 아이템**

인도음식 전문점, 태국음식 전문점, 랍스타 전문점, 스테이크 전문점 등이 바로 외국 외식 단일 아이템에 해당된다.

이러한 아이템들은 고객층이 얇고 평균 구매 주기가 길기 때문에 고객층을 넓게 확보해 놓아야 하므로 대형상권을 선택하지 않으면 초기에는 오픈 영향력으로 북적될 수 있지만 1년, 2년 매장 운영을 지속하기는 어렵다. 매장 크기는 중형 또는 소형이 유리한 면이 많다.

그렇지만 대형상권이 갖는 높은 권리금과 임대료에 손익을 맞추기 위해선 평수에 따른 전체 좌석수가 매출의 최대치를 좌우하는 외식적 요소를 감안할 때 매장규모가 중·대형화를 지향할 수 밖에 없다. 또 이런류의 아이템은 국내에서 얼마만큼 빨리 국민들 사이에 뿌리내릴 수 있는지에 따라 중형 프랜차이즈로 확산 전개될 가능성이 있다.

그 예로 스파게티전문점과 베트남쌀국수를 들 수 있다. 우리 나라는 주식인 '밥' 위주의 보수적성향이 매우 강한 탓에 주식(主食)에 해당하는 상기 아이템들은 소형 프랜차이즈로 확산될 가능성은 거의 없다. 피자의 경우는 대형프랜차이즈에서 중형 프랜차이즈를 지나 소형 프랜차이즈로 확산 발전된 케이스이지만 피자는 주식이 아닌 간식 개념에서 우리나라에 고객층을 넓혀온 사례이기에 주식으로 접근하는 아이템과 동일시 할 경우 잘못된 판단을 내릴 위험이 있다. 피자는 이탈리아의 빈대떡인 셈인데 빈대떡이 우리나라에서 간식이지 주식은 아니지 않은가.

(2) 판매업

백화점, 할인점, 하이마트, 양판점 등이 대형 프랜차이즈로 전개 되어야 한다. 그런데 여기서 짚고 넘어갈 것이 있다. 그것은 같은 백화점이라도 주공략 고객층이 다르고 매장 마케팅이 다르며 그에 따라 매장규모도 다르다. 롯데백화점의 모토중 하나는 "롯데에 오면 없는게 없다."이다. 실제로도 롯데의 상품 구성폭은 타 백화점을 앞선다. 그러므로 매장은 초대형크기를 지향한다. 이런 초대형 백화점을 국내에 100개씩 오픈할 수 없다. 다 전개되어도 이보다는 적은 수인 대략 30~40개 내외에서 머무를 것이다.

호텔체인도 마찬가지이다. 호텔자체는 대형 프랜차이즈도 중형 프랜차이즈도 아니다. 총 객실수에 따라 어떤 규모로 개장해 가느냐에 따라 달라진다. 신라호텔과 같은 초 특급 호텔이 국내에 세워질 수 있는 상권은 현재 서울, 부산, 제주도 정도이다. 하지만 신라호텔이 99년부터 체인전개를 시도했던 '지오랏지'라는 호텔은 비즈니스급 호텔로 국내에 100여개 정도의 호텔 개설을 목표로 프랜차이즈사업을 진행한 사례가 있다. 이와 같이 동일 아이템이라 해도 여러 가지 요소를 감안해야 하며 일률적으로 적용할 수는 없다.

국내 프랜차이즈는 현재 운영 중인 업종만 외식업 100여종이

E마트 매출과 점포수

(단위 : 개, 억원)

구 분	매 장 수	매 출 액
1993년	1	30
1994년	2	660
1995년	4	1,711
1996년	6	3,099
1997년	9	6,968
1998년	14	11,354
1999년	20	16,000
2000년	35	-
2003년	60	63,000
2005년	79	81,000
2007년	107	105,000
2008년	119	108,000

넘고, 서비스업 100여종, 판매업 80여종으로 모두 270개 업종이 넘고 있어 모든 경우의 수와 예외를 이곳에서 다 기술할 수 없으므로 대략적인 큰 틀을 기술해 나갈 수 밖에 없다. 대형 프랜차이즈중 하나인 E마트의 체인전개 개설추이는 앞의 표와 같다.

홈플러스는 현재 60~70개 매장이 오픈 중이나 100여개로 확장될 것으로 예상된다.

(3) 서비스업

학원중에서 대형 전문학원은 시사영어사학원, 정철 영어학원 등이 있고 어린이 놀이센터인 짐보리가 있다. 이런류의 아이템은 대형 프랜차이즈로 전개되어야 한다.

학원 프랜차이즈사업 중 정철학원과 같은 어학중심이 아니라 보습학원 형태로 전개한다면 중형 프랜차이즈로 전개될 수 있지만, 어학 중심의 체계적 학원은 대형 프랜차이즈로 전개해야 안전하며 성공할 수 있다.

특기할 만한 것은 미용실이다. 미용실은 대형 프랜차이즈, 중형 프랜차이즈, 소형프랜차이즈 전개가 모두 가능하다.

토니앤가이나 앞에서 소개된 쟈끄뻬샹쥬 미용실은 프랑스 브랜드로서 중대형화된 매장(50평이상)의 전문시설을 갖추고 운영되고 있기에 대형 프랜차이즈의 전개가 필수적이라 할 수 있다. 하지만 박철헤어커커와 박준미장과 같은 프랜차이즈는 30~40평이상의 크기로 매장을 전개해 오고 있어 중형 프랜차이즈에 해당한다.

반면 블루클럽이나 미스터바리깡과 같은 남성전용 중저가 미용실은 10평 내외에서 20평 이내의 소형매장으로 매장을 전개하고 있어 소형 프랜차이즈로 전개될 수 있다.

미용실을 기준으로 분류하면 다음의 표와 같다.

이와 같이 운영매장의 크기에 따라 대형, 중형, 소형 프랜차이즈가 결정의 주요소가 되는 경우도 있지만 단일 외식 외국 아이템과 같이 소형매장이라도 대형 프랜차이즈로 전개해야 하는 경우도 있어 프랜차이즈 전개의 기준이 단순하지 않음을 알 수 있다.

대형 · 중형 · 소형 다양한 전개가 가능한 특수 사례 – 미용프랜차이즈			
구 분	평 수	고객좌석수	비 고
대형프랜차이즈	40~50평이상	15개이상	피부미용등 전문시설갖춤
중형프랜차이즈	20~30평이상	10개 내외 이상	
소형프랜차이즈	10~20평	3~6개	

2. 중형 프랜차이즈 전개 전략

1) 국내에서 운영 가능한 최대 매장수는 몇 개인가

　중형 프랜차이즈는 국내에 몇 개정도 개설 할 수 있는가 최대 매장수는 얼마이며, 적정 매장 수는 얼마인가 하는 것은 매우 중요한 일이다.

　특히 중형 프랜차이즈는 프랜차이즈 중에서 가장 운영의 노하우가 필요한 분야이다. 대형프랜차이즈는 거의 직영점 위주로 운영되므로 프랜차이즈의 꽃인 가맹 프랜차이즈 시스템의 필요성이 적고 소형 프랜차이즈는 매장 수는 가장 많으나 작고 영세한 매장들이 너무 많은 수효를 이루게 되어 브랜드가 장수하는게 쉽지 않은 단점이 있다.

　이에 비해서 중형프랜차이즈는 중대형 매장들을 직영으로만 가져가는 것은 프랜차이즈 특성상 효율성이 떨어지므로 직영과 가맹을 본사 상황에 맞춰 적절히 혼용시키면서 프랜차이즈 시스템적 요소가 충분히 살아있어야 운영에 성공할 수 있다.

2) 직영점 위주로 가야하나 가맹점 위주로 가야하나

업종의 성격에 따라 직영 위주로 가는 것이 더 효율적일 수 있고, 가맹점 위주로만 가는 것이 더 효율적일 수 있다. 그러나 중형 프랜차이즈가 입점하는 상권의 규모, 매장규모, 총투자비용, 전국 단위 최대개설 매장 수 등을 고려한다면, 직영과 가맹을 혼용하는 것이 매우 효율적이다.

3) 직영점과 가맹점을 혼용해야 효율이 높아지는 이유

중형 프랜차이즈 전개 현황

(08년도 기준)

	총 매장수	비 고
롯데리아	750	직영점 20%, 가맹점 80%
맥도날드	235	
버거킹	94	
K F C	139	
놀 부	614	놀부보쌈, 놀부부대찌개 등 포함

(1) 직영점이 많으면 본사 수익구조가 안정적이다.

중형 프랜차이즈의 경우는 매장 경쟁력이 높을 때, 한 개 매장을 통한 월평균 순수익이 일천 만원이상 이천 만원내외의 수익을 올린다. 특히 중형 프랜차이즈를 대형 상권이라는 황금 상권에 오픈했을 때의 매출효과는 매우 높아 수 천만원 이상의 수익을 내기도 한다.

한 매장에서 월 1,000만원~2,000만원 내외의 수익을 올린다고 본다면 30~40개 매장이며, 계산상 월 3억~8억의 순수익, 연간 36억~96억의 순이익을 거둘 수 있으므로 직영을 통한 수익만으로도 프랜차이즈 사업을 성공적으로 가져갈 수 있다. 보통 가맹점주들 보다는 까다로운 선발과 철저한 교육을 거친 직영점 매니저들의 매장운영능력이 좋은 것은 당연하기에 대부분의 직영점은 가맹점들보다 높은 수익을 내고 있다.

반면 1개의 중형 가맹매장을 본사가 개설하면 개설수익으로 보통 3,000만원~5,000만원의 개설 이익이 오픈초기 들어오지만 오픈 후 가맹매장을 통한 본사 총수익이 1개 가맹매장당 월 300만원이(로열티, 기타유통수익, 매장관리비 등) 넘으면 현재 우리나라 상황에서는 우수한 브랜드에 속할 수 있다. 그러나 매장당 300만원 이라해도 30개 매장이면 월 9천만원 수준에 불과하다. 결국 가맹점 운영 수익은 매장 개설수가 100개 단위를 넘어서야 본사 수입원으로서의 힘을 발휘할 수 있다.

(2) 직영점이 많으면 프랜차이즈 시스템의 효율을 높인다.

프랜차이즈를 운영하다보면 직영점과 가맹점의 명령전달 효과가 매우 다름을 알 수 있다. 본사 정책과 마케팅이 바로바로 전달되지 않는 것이 대다수 가맹 매장의 특성이다. 반면 직영 매장은 명령의 전달체계가 상하 관계로 되어있어 본사의 전략이나 마케팅을 실시하는데 매우 효과적이다.

직영점을 수 십개 이상 가지고 있으면 본사가 시도하는 마케팅의 적정한 효과를 바로 확인할 수 있는 모델 매장이 많아서 수 백개의 가맹 점주들을 이끄는데 유용하지만 직영이 한 두 개일 경우는 그 효과가 매우 미약하다. 또한 직영점이 한 두 개일 때와 수십개 이상일 경우 데이터의 폭과 정확성에서 차이가 많이 난다. 한 두 매장의 데이터로 나머지 수 백개의 매장의 마케팅과 전략을 선도하는 기준 데이터로 삼을 경우 본사는 계속 데이터의 빈곤과 부정확성에 휩싸이게 되어 가맹점에 대한 본사의 리더쉽이 약화되어 진다. 그러므로 직영점이 많으면 마케팅전략의 정확도가 높아지며, 프랜차이즈 시스템의 효율을 높이게 된다.

(3) 가맹사업을 시작하면 전개속도가 빨라지고 자본이 들어온다.

우리나라에서 매장을 운영하는 외국기업이나 외국인들은 점포비용이 매우 높다고 말한다. 특히 권리금은 A급 상권의 A급 목은 수억원이 보통이다.

중형 프랜차이즈는 수 백개의 매장을 갖게 되는데 점포 오픈 비용만 수 백개 매장 곱하기 수 억원을 하면 전국매장을 개설하는데 수 천억이라는 단순 계산이 가능하다. 여기에 시설비를 포함하면 비용이 더욱 상승한다. 그 비용이 매우 높을 뿐 아니라 매장을 전개해 나가는 시간도 매우 길어진다.

그러나 가맹사업을 본격적으로 시작하면 점포비용과 시설비를 투자할 자본을 갖춘 가맹점주를 통해서 비용과 시간을 절약하여 전국매장으로 확산 발전시킬 수 있다. 또한 가맹주들이 내는 가맹비와 같은 매장개설 이익을 통해 프랜차이즈시스템을 갖추어 나갈 수 있는 자본이 모아진다.

중형 프랜차이즈의 가맹점 개설수익은 다음과 같다.

가 맹 비	500만원 ~ 2,000만원	브랜드파워가 높아지면 가맹비는 비례한다.
인테리어수익	900만원 ~ 1,800만원	(30평~60평 기준) 평당30만원
초기 물품비 · 수익 및 설비	500만원 ~ 1,500만원	·
합 계	약 2,500만원 ~ 5,000만원 이상	·

(4) 프랜차이즈에 있어 브랜드 파워는 매장 수에 비례한다.

프랜차이즈는 모두가 매장을 통해 소비자와 직접 만난다. 매장을 통해 승부를 내는 사업이다. TV광고나 홍보를 일정 부분 구사하는 이미지 광고가 필요한 경우도 있다. 그렇지만 그것이 프랜차이즈 성공의 주요인은 아니다.

오직 매장 상품의 경쟁력으로 승부가 나는 프랜차이즈의 속성상 전국에 오픈된 매장들을 통해 당장 그 매장을 이용하지 않더라도, 고객이 그 매장 앞을 지나 다니는 자체가 홍보효과를 올리게 되고 매장 간판은 그 자체가 광고판이기에 수백개의 전국매장 확보는 브랜드 파워를 높이고 유지시키는 데 필수적이다. 이 수백개 매장을 직영으로만 가져가는데는 전술한 바와 같이 시간과 비용의 한계에 부딪히게 되므로 이 한계를 가맹사업을 통해서 극복하고 사업효율을 높일 수 있다. 그러므로 가맹은 중형프랜차이즈의 사업전개에 필수적이다

4) 어떤 아이템이 중형 프랜차이즈로 전개되어야 하는가

외 식 업	롯데리아, 맥도날드, 버거킹, KFC, 베스킨라빈스 놀부보쌈, 하이트광장, OB광장, 피쉬앤그릴
판 매 업	악세사리, 이랜드, 언더우드, 브렌따노, 스코필드, 카스피로이드, 미니골드, yes, 보디가드
서 비 스 업	박준미장, 박철헤어커커

5) 중형 프랜차이즈 아이템별 입점상권 분석 사례

O : 입점 충분, △ : 입점 가능, × : 입점 불가

구분		외식업 아이템					판매업			서비스업	
		맥도날드	KFC	놀부부대찌개	베스킨라빈스	피쉬앤그릴	언더우드/이랜드	보디가드	미니골드	박준미장	정철어학원
일반상권	중형상권 300개 내외상권	O	O	O	O	O	O	O	O	O	O
특수상권	대학 상권	×	×	△	O	O	×	×	×	O	×
	대형 소매점상권 (백화점, 할인점)	O	O	△	O	×	△	O	△	O	×
	역-터미널 상권	△	△	△	O	△	×	×	×	×	×
	APT 상권	×	O	×	O	×	×	×	×	×	×

3. 소형 프랜차이즈 전개전략

1) 국내에서 운영 가능한 최대 매장 수는 몇 개인가

 소형 프랜차이즈는 현재까지 매장을 개설해온 프랜차이즈 업체들을 보더라도 1,500개~2,000개 내외의 매장이 물리적으로 전개될 수 있다. 처갓집양념 통닭, 페리카나 치킨 등 90년대 유행했던 브랜드들도 1,200~1,500개의 매장을 확보한 브랜드들이 많았다. 투다리는 2,000개 가까이 오픈한 것으로 알려져 있다. 파리바게뜨는 2008년 현재 1,800개를 넘어섰다.

그러나 소형 프랜차이즈는 매장수가 1,000개이냐 2,000개이냐의 문제보다는 그 매장들의 운영상태와 폐점율이 더 중요한 요소로 다루어져야 한다. 왜냐하면 불행히도 아직 우리나라 소형 프랜차이즈 중에서 우수 브랜드라 할 만한 장수 브랜드는 20여 년이 지난 파리바게뜨 정도이다. 1,500개 오픈했다해도 수 백개 혹은 절반 가량이 폐점하고 새로이 수 백개가 재 오픈하는 경우는 결코 프랜차이즈에서는 우수한 브랜드라 할 수 없다.

모든 프랜차이즈가 다 해당되겠지만 소형 프랜차이즈 경우에 있어서는 특히 매장 수의 문제보다는 매장의 폐점율이 얼마냐에 프랜차이즈 우수성의 핵심을 찾아야 한다.

2) 왜 가맹점 위주로 전개되어야 하는가

직영점을 여러개 운영해 본 사람은 누구나 공감하는 얘기가 있다. 그것은 10평짜리 매장 5개를 관리하든지, 50평짜리 매장 5개를 관리하든지 투자되는 시간과 비용은 비슷하다는 것이다. 본사 입장에서의 관리 비용은 매장 규모보다는 매장개수에 더 높은 정비례요소가 있다는 것이다.

A본부가 10평짜리 매장 10개를 직영으로 할 때와 B본부가 50평짜리 매장 10개를 직영으로 할 때의 인적비용과 관리비용은 A

본부 보다 B본부가 5배가 들지는 않는다. 하지만 경쟁력과 그 밖의 여건이 동일한 수준일 때 매출은 B가 3~5배까지도 높게 나타날 수 있다. 특히 외식일 경우는 훨씬 더 높게 나타나기도 한다.

소형 매장 10개는 직영하는데 따른 시간과 기회비용, 인건비용의 투입을 감안하면 수익이 별로 나지 않는다. 보통 소형 프랜차이즈 매장은 우수매장의 경우 매니저 급여를 지급하고 월 200~300만원 이상의 수익을 올리기가 쉽지 않다.

그러므로 소형 우수매장 30개를 직영해봐야 최대로 잡아도 월 6,000~7,000만원 수준의 매장 순수익이 발생하지만, 10평짜리 소형매장 30개의 직영점을 유지하기 위한 관리비용은 50평짜리 중형 매장 30개의 매장 관리비용과 비교할 때 5분의 1로 줄지 않는다.

소형 프랜차이즈를 직영위주로 가져가면 큰 수익보다는 매장 관리 하는데 따른 인건비와 기회비용이 더 많이 들게 되어 효율이 현저히 떨어지므로 직영위주 사업전개를 해서는 안된다.

3) 가맹점 위주로 전개될 때 시스템 효율이 높아지는 이유

(1) 직영점 운영이 본사 수익 구조에 크게 기여하지 못한다.

앞서 말한바와 같이 소형 프랜차이즈 매장의 운영은 수익이 크지 못해 여러개 운영해도 본사 수익 구조에 큰 도움이 되지 못하며 그 인력과 시간과 비용을 가맹사업에 투자할 때의 효율이 훨씬 높다.

(2) 가맹사업의 전개가 매우 용이하다.

프랜차이즈 가맹을 희망하는 사람들은 대개 직장인 출신이 많다. 오래전부터 창업을 철저히 준비하지 못한 사람들에게 프랜차이즈는 꼭 필요한 사업이기 때문이다. 대다수의 퇴직 직장인이나 부업을 하려는 주부층이나 아니면 부부가 함께 자영업을 시작하려는 사람의 80% 이상이 투자자금이 5,000~1억원 이하이다. 그런데 소형 프랜차이즈는 바로 이 투자 금액대를 주요가맹 대상으로 하기 때문에 유리하다.

100명의 가맹 희망자 중에서 80명 이상이 이 소형 프랜차이즈의 가맹이 가능한 투자대상으로 희망수요자가 넘치기 때문에 가맹사업의 전개가 아주 용이하다.

(3) 점포개발이 용이하다.

소형프랜차이즈의 점포는 거의 동네상권이다. 동네상권은 프랜차이즈 상권개발 중에서도 가장 수월하기 때문에 가맹영업을 통해 매장 오픈속도가 매우 빨라질 수 있다. 중형 프랜차이즈의 상권 개발의 경우 제대로 상권조사를 할 경우 2인이 최소 3~4일(주말과 평일)은 집중적으로 조사해야 정확한 결론을 내릴 수 있고 상권과 점포개발이 가능한데 비해 소형은 1일~2일이면 충분하고 그 이하로 시간을 줄일 수도 있다.

(4) 개설수익을 통한 자본축적이 용이하다.

소형프랜차이즈의 개설수익은 다음과 같다.

가 맹 비	500 ~ 1,000만원
초도물품 및 시설비 수익	500 ~ 1,000만원
인테리어 수익	500 ~ 1,000만원 내외 (평수 10평~20평 기준)
가맹점당 개설 수익	최소 1,500만원 ~ 최대 3,000만원

※ 업체에 따라 다소 차이가 날 수 있다.

신생업체의 경우는 개설수익이 1,000만원도 못 미치는 경우도 발생하지만, 대개의 본사는 가맹점 당 개설 수익이 1,500만원에서 2,500만원 내외의 수익을 내고 있다. 가맹점 개설수익은 최소 기준으로 볼 때, 1,500만원씩 1,000개 매장이면 150억, 가맹점 개설 수익 2,500만원씩 1,500개 매장이면, 375억의 개설수익이 가능하다.

한 브랜드의 확장을 통해 유통수익과 로얄티 수익은 제외하더라도 매장 개설 수익만으로 수백억의 수익이 가능한 사업이라는 것이 프랜차이즈의 큰 매력이라고 할 수 있다. 매장수가 많아 1,000개 이상 개설되는 소형프랜차이즈의 경우가 그 대표적 예이다.

다만, 문제는 중형 프랜차이즈 회사가 매장수가 많아질 수 있는 소형 프랜차이즈로 확대 전개하여 가맹점들이 부실해지거나 폐업하는 사례가 속출되는 경우가 아직도 있다는 점이다.

롯데리아도 중형프랜차이즈인데, 소형으로까지 전개해 보려고 확대해서 900개 이상 오픈시켰다가 다시 조정되어 700개 수준에서 운영되고 있다.

4) 소형 프랜차이즈에서 매장수보다 폐점률이 더 중요한 이유

현재 우리나라에서 소형 프랜차이즈 중에서 우수 프랜차이즈는 파리바게프 정도로 본다. 왜냐하면 매장 수는 1,000개가 넘는 여러 브랜드가 있지만 폐점률이 몇 십 %씩 되기 때문이다. 단언하지만 10%이상의 폐점률을 가진 프랜차이즈는 결코 우수프랜차이즈가 될 수 없고 장수 브랜드도 될 수 없다. 실제로 장수하고 있는 국내의 우수 브랜드들의 폐점률은 5%도 채 안되는 경우가 대부분이다.

현재 매장수는 400~500개가 넘는다해도 폐점률이 20% 이상인 프랜차이즈의 경우 그 높은 폐점률은 1~2년 뒤 30~40% 3~4년 뒤에는 40~50% 폐점률을 기록해나가게 되면 결국 브랜드의 생명력을 잃게 될 것이기 때문이다.

결국 10~20%이상의 폐점률이 기록되기 시작한 프랜차이즈 매장이 획기적 대응방안을 마련하지 못한 채 같은 시스템으로 운영해 나간다면 그 폐점률이 20%, 30%로 점점 더 높아질 것이며 수십%대의 폐점률을 가진 프랜차이즈는 결국 망하게 되어있기 때문이다.

5) 소형 프랜차이즈에서 우수 브랜드로 등장한 파리바게뜨

파리바게뜨는 베이커리 프랜차이즈로서 소형상권에 입점하는 소형 프랜차이즈이다. 그러나 투자면에서는 2억원에서 2억 5천만원 사이의 중형 프랜차이즈 투자규모를 가지고 있는 특수한 경우에 해당된다. 2008년에 1,800개를 넘어선 파리바게뜨는 대표적 우수 브랜드이다. 브랜드가 탄생한지 20년 넘어선 장수 브랜드이다. 폐점률이 매우 낮고, 브랜드 파워도 매우 높다. 아쉽다면, 가맹매장당 수익률이 투자대비 2~3% 수준이라는 점이다.

국내 주요 베이커리 프랜차이즈 현황

(단위 : 개)

NO	브랜드명	년도별 총 매장개수				
		2004	2005	2006	2007	2008
1	파리바게뜨	1,280	1,398	1,522	1,550	1,828
2	뚜레쥬르	516	585	693	849	1,153
3	크라운베이커리	636	743	758	860	598
4	신라명과	203	230	230	230	181
	TOTAL	2,635	2,956	3,203	3,489	3,760

이른 아침부터 밤늦은 시간까지 운영하는 어려움을 감안하면 수익률은 높지 않지만, 입점 성공율이 매우 높고, 폐점률이 매우 낮은 우수 브랜드이다.

6) 어떤 아이템이 소형 프랜차이즈로 전개되어야 하는가

외 식 업	꼬치구이집, 소형 이자까야, 치킨배달집, 중저가 피자배달집, 김밥배달
서비스업	세탁전문점, 부동산
판 매 업	정육점, 비디오방, 편의점, 도서대여점, 소형문구점

VIII. 한국시장의 프랜차이즈 마케팅 전략

1. 우수 프랜차이즈 본사 성장곡선
2. 프랜차이즈 성공 가맹 공식
3. 프랜차이즈 사업성공의 핵심요인 2가지
4. 광고전략
5. 전국 매장 전개 전략
6. 브랜드(Brand) 어떻게 띄울 것인가?

Ⅷ. 한국시장의 프랜차이즈 마케팅 전략

1. 우수 프랜차이즈 성장 패턴

프랜차이즈 열풍이 확산되면서 2000년 이후에도 매년 수 백개의 프랜차이즈 본사가 생겨나고 또 수 백개의 프랜차이즈 본사가 망하는 일이 반복되고 있다. 우수 프랜차이즈 본사의 성장곡선 특히 매장수와 연도와의 관계는 어떤 형태인지 알아보자.

빠른 성장이 최고의 미덕이던 시대가 계속되어온 탓인지 프랜차이즈 업계에서도 빠른 매장 개설속도가 우수 프랜차이즈 또는 유망프랜차이즈의 잣대인양 홍보되거나 선전되는 경우가 매우 많다. 과연 그럴까?

최고 1년에 수백개의 매장을 개설하면서 그것이 우수 프랜차이즈인양 여겨지는 프랜차이즈 업계의 분위기는 한마디로 잘못되어있다. 물론 1년간 매장이 수 백개 개설되지 말란 법은 없다. 다만 그 시기와 개설 방법이 중요한 것이다. 매장 개설 방법론의

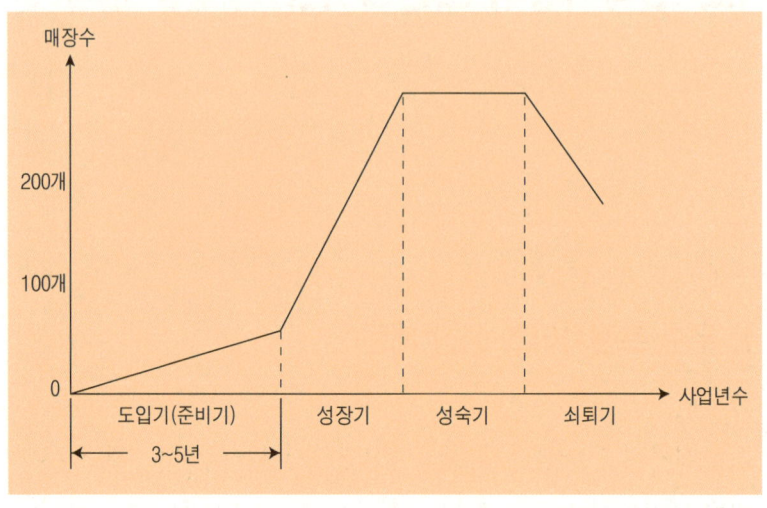

〈우수 프랜차이즈 성장곡선〉

언급은 "가맹지사 시스템의 위험성"에서 자세히 다루었으므로, 여기에서는 그 시기에 대해서만 다루고자한다.

1) 프랜차이즈 시스템 준비기

지금 우리나라 프랜차이즈 업계에 가장 문제가 되는 것은 시스템 준비기에 매장수 성장기가 막 바로 시작되어서 부실을 낳고 있다는 것이다. 50층 건물을 짓는다고 할 때 공사시작 한 달 만에 10층씩 두 달 만에 20층씩 급속도로 올라가는 건물이 튼튼하게 제대로 50층까지 지을 수 있을까? 높이 올릴수록 기초공사의 시간이 필요한 것이다.

그 기초 공사를 하는 기간 동안 건물 층수가 올라가는 것이 눈에 보이지 않으므로 외견상 아무것도 하지 않는 것 같이 보이지만, 앞으로 높은 층을 쌓기 위해 땅을 파고 철근을 심고 그것들을 감당할만한 기초 토대를 쌓고 있는 꼭 필요한 시기이다.

건물짓는 일이 이렇듯이 한국 시장 전체를 대상으로 하는 프랜차이즈 사업에 있어서는 말 그대로 프랜차이즈가 시스템 사업임을 감안하면 그 시스템을 구축하기 위한 시행착오와 노하우 구축 기간이 절대적으로 필요한 것이다. 기초 공사를 해야 할 시기에 기초공사를 안하고 대충 건물부터 올려서 분양을 시작한다면 수익 확보는 가능하겠지만 그 건물이 얼마나 버틸 수 있겠는가 결국 한 순간에 무너져 내릴 때 그 입주자(가맹점주)들은 건물더미에 묻히고 말 것이다.

90년대 육영 탕수육은 사업시작 2년정도의 기간에 600개를 오픈했다고 홍보를 했지만 그 본사는 지금 어디있으며 본사없는 가맹점 600개가 다 어디로 갔는가? 우리 주변에서 육영 탕수육을 찾아볼 수 없는 일은 안타까운 일이다. 하이트, OB, 카스 등의 맥주광장들은 몇 년사이 수 백개 오픈했지만 지금까지도 남아있는 매장은 몇 개가 되는가?

프랜차이즈 본사는 1~2년만에 반짝하고 없어지는 창업 알선 회사가 아니다. 10년, 20년, 30년 계속되는 영구적 유통회사인 것이다. 영구적 유통회사가 되기 위해서는 시스템 준비기에는 시스템을 갖추고 검증하고 노하우를 구축하는데 주력해야지 매장수 늘리기에 주력한다면 그 대가를 꼭 치루게 된다.

이 시스템 준비기에 꼭 이루어져야 할 것은 유통상품의 노하우이다. 유통상품의 노하우와 매장상품의 노하우는 다르다. 본사가 앞으로 펼쳐나갈 수 있는 유통상품의 노하우를 갖추고 전국 매장으로 확산되어 최대 매장수를 갖추었을 때 이를 감당할 수 있는 유통과 물류 시스템의 설립에 주력해야 할 시기다.

혹자는 말한다. 세계적 프랜차이즈 회사 맥도날드는 제조 시설을 갖지 않고 모두 아웃소싱으로 해결하고 있으므로 세계적 추세와 선진화에 따라야 한다고, 하지만 이는 프랜차이즈를 모르고 하는 소리이다. 미국 맥도날드는 50년이 넘은 회사이다. 맥도날드가 사업 초기인 1955년부터 아웃소싱을 시작했을까?

단언하지만 유통사업의 초기에 바로 아웃소싱으로 시작하면, 유통의 노하우를 구축할 수 없다. 여기서 우리는 물류배송을 유통과 구분해야 한다. 이랜드는 사업초기부터 제조회사를 갖지 않고 성장해 왔다고 이야기하기도 한다. 이랜드는 다르다. 이랜드는 의류사업이다. 의류사업의 핵심은 디자인과 가격이다. 이랜드가 제품의 핵심인 디자인과 가격의 핵심인 구매기능을 결코 타회사에 맡기지 않았다.

사업초기부터 우수한 디자이너 확보에 주력했다. 디자인 작업이 끝난 제품의 재단과 재봉작업은 의류업계 어디서나 할 수 있는 단순 노동이므로 이랜드는 이 단순노동 부분을 인력이 남아돌던 시절 아웃소싱을 한 것이다.

지금은 재무구조가 탄탄한 중견기업으로 발돋움한 놀부는 매장이 폭발적으로 운영되어 가맹을 하겠다는 사람들이 몰려들 때 가맹사업에 주력해서 매장 늘리기를 하지 않고 이 시스템 준비기에 충북음성에서 당시에 은행의 융자까지 받아가며 C.K(중앙공급장치)를 짓는 일을 시작했고 이 센트럴키친은 지금의 놀부프랜차이즈 시스템을 굳건히 하는 토양이 되었다.

2) 프랜차이즈 매장 성장기

프랜차이즈 사업을 처음 시작해서 이 시기가 도래하기까지는, 물론 업종과 아이템과 회사사정에 따라 다르겠지만 1호점을 오픈한 후 최소 3년~5년 내외의 시간이 걸린다고 볼 수 있다. 물론 좀 더 줄 수도 더 늘어날 수 있다. 미국에는 수 백개 이상의 프랜차이즈 컨설팅 회사가 있으며 그중 프레넷이라는 회사는 미국 프랜차이즈 컨설팅의 탑 컴퍼니이다. 그 회사는 현재 미국내에 수많은 아이템 가운데 약 80개의 우수 브랜드들을 선별해 내어 가맹영업을 대행해주는 체인 커넥션사업을 하고 있다.

이 회사가 미국내에서 공신력을 얻은 것은 우수 프랜차이즈 선별 기능이 정확하다고 보기 때문이다. 이 회사는 우수 프랜차이즈를 선별해 내기 위한 수 십개 이상의 기준을 가지고 있는데 그 중 빼놓을 수 없는 것이 매장수 체크 포인트이다. 1호점 개설 후 3년에서 5년정도의 시기에 80개~200개의 매장을 운영하는 프랜차이즈를 우수 프랜차이즈 기준의 한 잣대로 사용하고 있는 것은 시사하는 바가 크다.

여기서 사업 개시를 1호점 오픈 후로 보는 것은 프랜차이즈는 아무리 사업 준비를 많이 해도 실제 운영되는 매장이 없이 진행된 작업은 실질적 사업전개와는 거리가 먼 물밑작업에 불과하기 때문이다. 1호점 오픈 후 3년에서 5년사이 80개에서 200개의 매장을 기준한 것은 통상 기존 가맹매장들이 구전에 의해서 매장이 확장되는 것을 주요 기준으로 한 것이다.

물론 전국 최대 2,000개 내외 매장이 가능한 소형 프랜차이즈인 경우와 전국 최대 300~700개 내외 수준인 중형 프랜차이즈인 경우가 다르겠고, 직영점과 가맹점의 비율을 몇 대 몇으로 가져갈 것이냐에 따라 다르므로 많은 경우를 다 고려해 보아야 하지만, 보통 프랜차이즈에서 이 정도의 기간에 이정도의 매장수는 가맹점 운영이 잘 되어 돈을 벌 때 그리고 본사 매장관리와 지원이 가맹점주의 불만을 사지 않고 효율적으로 운영될 때, 기존 가맹점주들의 구전에 의한 소개가 활성화 되면 자연 발생적으로 늘어나 확장 가능한 매장수인 것이다. 물론 미국 기준이므로 똑같이 한국시장에 적용될 수는 없다.

매장 성장기는 연간 수 백개의 매장이 오픈될 수 있는 시기이다. 수 백개의 매장이 1년간 늘어나도 감당할 수 있는 배송 시스템, 생산 시스템, 매장관리 능력 등 프랜차이즈 시스템이 갖추어졌다면 연간 수 백개 매장의 오픈이 가능하다.

99년 한해동안 파리바게뜨는 200개가 넘는 신규매장을 오픈했다. 필자가 이 시기에 매달 열리는 파리바게뜨 신규점주 교육 프로그램에서 1년간 프랜차이즈 특강을 하며 점주들에게 직접 확인한 사실이다. 그 가맹점주들은 가맹 영업광고를 통해 가맹한 것이 아니다. 모두가 구전과 소개에 의해서 신규가맹이 이루어졌다. 이 시기의 성장률은 시스템 준비기의 준비 정도와 매장 관리 실적에 따라 좌우된다. 결코 가맹영업 사원의 숫자에 매장수 성장률이 비례하지 않는다는 사실에서 프랜차이즈는 영업보다 관리가 더 비중이 높은 사업임을 알 수 있다.

3) 프랜차이즈 유통사업 성숙기

이 시기에 접어들면 매장수는 더 이상 증가하지 않는다. 아니

가맹하겠다는 희망자가 늘어나더라도 본사에서 이를 중지하고 폐점이 생기거나 전업을 희망하는 가맹점의 교체 수준에서만 신규매장을 허락해야 하며, 더 이상의 신규매장 확산을 막아야 한다. 과도한 매장수는 결국 동일브랜드 다른 매장의 매출을 감소시키는 결과를 낳으므로 도미노 현상처럼 전체 매장의 부실로 확산되어가는 결과를 낳는다. 만약 본사가 매출을 더 늘리기 원한다면 새로운 브랜드를 개발해서 내놓는 브랜드 전략을 가져가야지, 매장 수 늘리기에 집착해서는 안된다.

90년대 후반 IMF를 지나온 우리는 이제 매출액의 크기가 기업경영의 핵심이 아님을 뼈져리게 느끼고 있다.

중요한 것은 매출액이 아니라 순이익인 것이다. 프랜차이즈에서는 매장수와 순이익이 결코 비례하지 않는다. 본사 관점에서 본다면 직영 매장을 통한 매장 수익이 얼마나 되느냐와 가맹매장에 공급되는 유통과 로얄티를 통한 수익이 얼마냐가 관건이다. 점차 확산되고 있지만, 아직까지 한국에서는 로열티 수입을 크게 가져가기 쉽지않은 여건에 있으므로 이 부분은 본사 수익의 관건이 아니다.

앞으로 최소 4~5년은 지나야 로얄티가 보편화의 길로 접어들 것이다. 한 가맹 매장당 점주입장에서 월 순이익이 2~3백만원 정도 나는 매장들을 상대로 본사가 올릴 수 있는 월 유통 수익은 한계가 있는 것이다.

만약 한 가맹 매장당 점주 입장에서 일천 만원 내외 또는 그 이상의 월 순수익이 발생할 경우, 본사에게 유통의 노하우가 있어서 가맹점주들이 선택의 여지없이 그 유통제품을 써야만 한다면 매장당 월 100~200백만원 정도의 본사의 유통 수익창출은 충분히 가능하다. 업종에 따라서는 시스템 준비기, 매장수 성장기에도 흑자를 내기도 하지만 프랜차이즈 시스템이 복잡하고 방대할 수록 매장수 성장기 중간에도 적자를 기록하고 유통사업 성숙기에 가까이 와서야 흑자로 전환되는 아이템도 많이 있다.

편의점이 경우가 대표적이라 할 수 있다. 현재 국내에는 GS25시, 패밀리마트, 바이더웨이, 세븐일레븐 등이 있지만 98년 말 동양그룹이 바이더웨이가 관리비를 줄이기 위해 본사를 지하 사무실로 이사가는 등의 경비절감을 통해 업계최초로 흑자를 기록했다는 것이 뉴스화 될정도로 편의점 업계는 사업개시 7~8년이 지나서야 손익을 넘기기 시작하는 것이 보통이다.

편의점 프랜차이즈 업계 현황

NO	브랜드명	매장수	시장점유율
1	훼밀리마트	3,751	33.9%
2	GS25	2,856	25.8%
3	세븐일레븐	1,760	15.9%
4	바이더웨이	1,054	9.5%
5	미니스탑	1,017	9.2%

4) 프랜차이즈 쇠퇴기

　브랜드가 매장 경쟁력을 잃고 고객으로부터 외면당하거나 아니면 IMF나 글로벌금융 불황 같은 급격한 불황을 맞이하게 되는 경우 프랜차이즈 브랜드는 쇠퇴기를 맞아 소멸되는데, 이 경우 소멸되는 속도는 매우 빨라 1~2년 사이에 급격히 사라지는 아이템도 많이 찾아볼 수 있다.
　전국을 석권한 브랜드의 경우 사라지는 시간이 좀 더 길어 질 수 있다. 왜냐하면 전국을 석권한 브랜드파워가 남아 있고, 가맹점주들이 본사의 노하우를 상당부분 모방운영이 가능해지므로, 본사가 파산 후에도 수년간 유지되기도 한다.
　국내 최초 요리주점으로 전국을 석권했던 천하일품의 경우가 그러하다.

2. 프랜차이즈 성공 가맹공식

> 가맹 공식 = BRAND×입지×가맹점주

　이 공식은 수학공식이 아니므로 전자계산기와 같은 정확성을 기대해서는 안 된다. 다만 가맹희망자들 가운데 많은 수가 프랜차이즈가맹점의 성공원리와 흐름을 모른채 한 두가지에 집착하고 몰두하는 경향을 일선 현장에서 많이 목격하여, 이것을 좀더 쉽게 이해할 수 있도록 공식화 작업을 해 놓았다.

프랜차이즈 가맹의 중요 요소 중 3가지는 첫째, 어느 회사의 어느 브랜드(혹은 아이템)을 택하느냐 하는 것이고, 둘째, 그 아이템을 가지고 어떤 입지에 점포를 얻어 오픈하느냐이고, 셋째, 그 오픈된 매장을 운영할 점주의 운영능력이 어떠하냐 하는 것이다.

프랜차이즈에 있어서는 어느 본사의 브랜드(혹은 아이템)를 선택하느냐가 가장 중요하므로 다른 2가지 즉 입지나 점주 운영능력 보다 더 비중을 두어야 한다.

이런 원리에 따른 가맹공식은 다음과 같다.

브랜드 (아이템경쟁력)			입지 (상권 & 목)			가맹점주 (운영능력)		
매우우수	A	3	매우우수	A	2	매우우수	A	2
우수	B	2	우수	B	1.5	우수	B	1.5
보통	C	1.0	보통	C	1.0	보통	C	1.0
취약	D	0.5	취약	D	0.5	취약	D	0.5
매우취약	F	0	매우취약	F	0	매우취약	F	0

이 공식에서 만점은 12점이 나온다. 점수대별 가맹에 대한 평가는 다음과 같다.

또 여기서 가맹점주의 운영능력은 실제 프랜차이즈 매장 운영

실태를 볼 때, 연륜, 학력, 성별, 비즈니스 경력 등과 점주의 운영 능력이 비례하지 않는다는 점에 유의해야 한다. 오히려 친화력, 서비스 마인드, 실행력, 섬세한 감각 등이 더 요청되는 것을 현장에서 볼 수 잇다.

순위	점 수 대	내 용
1	2점 이하	가맹하지 말 것.
2	2점~4점	가맹이 가능하다.
3	4점~6점	가맹 후 양호한 매장이 된다.
4	6점~8점	가맹 후 우수한 매장이 된다.
5	8점 이상	가맹 후 최상의 매장이 된다.

3. 프랜차이즈 사업성공의 핵심요인 2가지

프랜차이즈 사업을 성공으로 이끌 수 있는 요인은 실로 무수히 많다. 하지만 프랜차이즈 본사가 다음의 2가지를 갖출 수 있다면 그 본사는 큰 변수가 없는 한 성공적인 프랜차이즈 시스템을 구축해서 장수하는 브랜드로 발전할 수 있다.

1) 매장상품의 노하우

노하우(Know-How)란 무엇인가? 간단히 설명하라면 남이 따라 올 수 없는 경쟁력을 유지시켜주는 방법인 것이다. 외식의 노하우는 주로 "맛"으로 모아지고 의류업의 노하우는 디자인과 가격으로 집중된다. 그렇다면 프랜차이즈 사업 성공을 위해 2가지 필수조건에 왜 매장상품 노하우가 들어가는 걸까?

90년대에 청바지 '닉스(NIX)'가 1벌당 14만원이 넘는대도 신세대 사이에서 없어서 못 팔정도로 히트를 친적이 있다. 과연 우리나라에 입고 다닐만한 청바지가 닉스 하나뿐이었을까? 그렇지는 않을 것이다. 청바지 자체의 디자인, 색감, 내구성, 염색기술에 있어 닉스에게만 최고의 노하우가 있어서 그 당시 대박난 히트상품을 유행시켰다고 보기는 어렵다. 오히려 신세대의 과소비 풍조와 브랜드 선호풍조가 이런 제품을 히트시켰다고 보는 것이 더 정확할 것이다. 그러면 이러한 일이 프랜차이즈 업계에서도 나타날 수 있을까?

프랜차이즈 시스템에서는 닉스 청바지와 같이 이미지로 상품을 파는 것에 한계가 있다 예를 들어 퇴근하는 아빠에게 아이스크림을 사오라는 아이들의 부탁에 동네슈퍼에서 아이스크림통을 열었을 때 여러분은 어떤 아이스크림이나 아이스바를 고를 것인가? 아마도 그 판단은 순식간에 이루어질 것이다. 그 순간 광고를 반복해서 좋은 느낌으로 본 아이스크림이 있다면 그 제품을 선택할 가능성이 매우 높다. 그렇다면 그 아이스크림의 광고가 그 제품의 판매를 좌우했다고 볼 수 있다.

 프랜차이즈에도 이런 광고에 의한 매출신장이나 이미지에 의한 영업신장이 가능할까? 물론 얼마간의 영향력을 미칠 것이다. 하지만 그것은 결코 결정적인 요인이 될 수 없다. 왜냐하면 보통 아이스크림의 선택은 동네 슈퍼의 아이스크림통 앞에서 있을 때 오른손과 왼손사이에서 간단히 결정되지만 프랜차이즈는 매장을 선택하는 것이다.
 내가 선택한 매장을 가기 위해 몇 백미터를 걸어야 하거나 일부러 차를 타고 이동해야 한다. 프랜차이즈는 이미지를 쫓는 감성적 선택보다는 실리를 쫓는 이성적 선택인 것이다. 바로 코앞의 보쌈집을 놔두고 놀부보쌈을 먹기 위해 몇 백 미터를 더 걸은 적이 없는가? 아웃백 스테이크하우스를 가기 위해 굳이 차를 탄 적은 없는가? 보디가드 내의를 사기 위해 똑같이 내의를 팔고 있는 다른 가게를 지난 적이 없는가? 이 모두가 그 매장들이 갖는 경쟁력, 맛이나 가격이나 디자인과 같은 차별화된 경쟁력을 유지시켜주는 노하우가 없이는 불가능한 것이다.

 프랜차이즈는 매장 상품의 노하우를 바탕으로 한 확실한 경쟁력을 가질 때 고객들에 의해 지속적으로 선택되어지는 것이다. 이러한 매장상품의 차별화된 경쟁력은 높은 매출과 수익으로 이어지며 높은 수익은 가맹점주의 가맹사업을 성공으로 이끌어준다.

이런 매장을 통해서 많은 돈을 벌고 있는 동안은 그 가맹매장은 계속 영업을 유지하며 장수하게 될 것이며 이들의 구전을 통해서 주변사람도 가맹하게 되면서 자연스럽게 매장확산이 이루어지게 된다.

2) 유통상품의 노하우

매장상품의 노하우가 있어야 한다는 것은 누구나 쉽게 공감할 수 있다. 그렇다면 유통상품이 노하우가 성공의 핵심요인인 이유는 무엇일까?

우선 프랜차이즈 사업은 궁극적으로 로열티사업이다. 본사의 브랜드 제공과 노하우 제공에 대한 대가로 가맹점주가 로열티를 본사에 지급하면서 유지되는 사업이다. 보통 로열티는 매출총액 기준 1%에서 5% 또는 순이익 기준 5%에서 많게는 25%가 넘는 경향을 보인다.

이는 미국이나 일본에서는 상당히 보편화된 개념이다. 그런데 우리나라는 이것을 시행하는 것이 매우 어려운 편이나 카드 사용의 일반화로 최근 많이 개선되는 추세이다. 그 이유는 로열티 산정의 기본근거가 되는 매장매출액을 신뢰할 수 없기 때문이다. 매장을 운영하거나 점포에서 장사를 하는 사람들에게 물어보라. 심지어 약국 약사에게 물어보라. 팔리는 액수대로 100% 정직하게 세무서에 신고하는 사람이 몇이나 있는가?

외국에서 들어온 직영프랜차이즈 매장이나 편의점 매장들은 비교적 매출을 정확하게 신고하는 것으로 알려져 있지만 그 외의 대다수 매장은 매출액을 속여서 신고하는 것이 일반화되어 있는 것이 우리의 현실이다. 심한 경우 장사경험이 없는 사람이 장사가 잘된다고 매출을 그대로 신고하러 갔다가 세무공무원에게 줄여서 신고한 이웃 점포와 평수는 비슷한데 매출차이가 너무 나서 접수할 수 없다는 핀잔을 듣는 경우가 생겨도 이제는 그런 이야기에 아무도 웃거나 의아해 여기지 않을 만큼 우리사회는 정직에 관한 한 병들어 있다.

이런 우리 나라 상황에서 가맹매장을 상대로 월매출의 3%니 5%니 하면서 로열티를 거두는 일은 쉽지가 않다. 그래서 통상 로열티를 매장관리비 명목으로 걷기도 하지만 그 금액이 매장 당 몇십만원 수준을 넘기기 어려운 것이 사실이다. 현재로선 본사가 가맹매장을 통해 수익을 올릴 수 있는 길은 유통되는 상품에 마진을 붙이는 방법이 더 유용하고 현실적이다. 본 사유를 위해서는 자금이 계속 필요하고 매장관리를 제대로 하려면 적지 않는 비용이 소요된다. 본사의 발전적인 생존을 위해선 가맹 매장들로부터 많은 돈이 매달 들어와야 한다. 통상 중형 프랜차이즈의 경우 가맹매장당 최소 월 200만원 이상은 수익이 들어와야 본사가 기본적으로 유지될 수 있고, 이 이상 들어와야 성장의 탄력을 받는다.

중형매장이 100개이면 매장 당 2백만원씩 월 2억원 정도가 들어와야 물류 배송시스템, 수퍼바이저 시스템, 신상품 개발 등 고유 업무를 유지해 나가며 제대로 된 프랜차이즈 구축시스템을 위한 기본 투자를 할 수 있다. 중형을 기준으로 월 200만원이상의 수익이 본사로 들어오려면 유통되는 상품이 본사 것을 쓰지 않으면 장사가 안돼서 매출이 급감하는 수준의 진짜 노하우가 없다면 가맹점주들이 본사 식재나 상품을 매입하겠는가?

놀부보쌈의 경우 대부분 오픈하고 한 두달 지나면 본사의 유통 식자재중 보쌈김치나 무우 속등이 비싸다고 판단해 가맹점주별로 자체개발해서 사용하려는 시도를 하지만 결국 자기들이 만든 보쌈김치나 무우 속으로는 손님수가 줄어드는 것을 확인하고 난 뒤에야 군말 없이 본사식자재를 쓰기 시작한다. 현재 놀부보쌈 가맹점의 본사 식자재 사용율은 거의 95%가 넘는다. 놀부가 성공한 프랜차이즈 본사로 잘 알려진 것은 매장 수가 많아서가 아니다. 놀부의 전 매장은 600개 수준이다.

놀부는 센트럴 키친를 통한 유통상품의 노하우를 사업초기부터 구축하고 이를 통한 유통수익을 충분히 거두고 있고, 직영매장을 통한 수익 등을 통해 매년 많은 수익을 내는 건실한 재무구조를 바탕으로 운영되고 있기 때문이다.

4. 광고 전략

1) 가맹영업을 위해 TV광고를 하면 망하는 이유

어느 업종, 어느 분야이건 광고는 필수인 시대속에서 살고 있다. 광고없이는 상품을 제대로 팔 수 없다고 생각할 만큼 광고와 판매는 불가분의 관계에 있다고 생각하는 사람들이 많아지고 있다. 그렇다면 과연 프랜차이즈에 있어서 광고는 어떤 작용을 할까? 더욱이 가장 효과가 큰 TV광고는 프랜차이즈 시스템에서의 영업에 해당하는 매장영업과 가맹영업을 활성화 시켜주는 강력한 매체인가?

프랜차이즈에 있어 영업은 2가지 분야로 나눌 수 있다. 하나는 매장에서 상품의 판매고를 높이기 위한 매장영업과 또 하나는 가맹점을 확장하기 위해 전개하는 가맹영업이다. 특히 프랜차이즈 본사는 둘 다 중요한 분야이지만 실제 경영에서는 매장영업보다는 가맹영업에 더 주력하게 되는 경향을 띤다.

어떤 회사는 1호점을 개설하고 1년도 채 지나지 않았는데 광고비가 비싸도 TV광고가 가장 효과 있다고 판단하여 곧바로 TV광고를 시작하는 경우도 있다. 하지만 TV광고는 결코 프랜차이즈 가맹영업을 성공시킬 수 없다. 프랜차이즈 매장이 수 천개가 넘었던 이랜드가 TV에서 가맹점 모집광고 하는 것을 본일 있는가? 성공한 우수 프랜차이즈 본사는 가맹영업 TV광고를 하지 않는다.

왜냐하면 프랜차이즈는 1개 가맹매장이 아래 그림과 같은 구전과 소개를 주축으로 확장되기 때문이다.

〈프랜차이즈 가맹점을 통한 매장확산〉

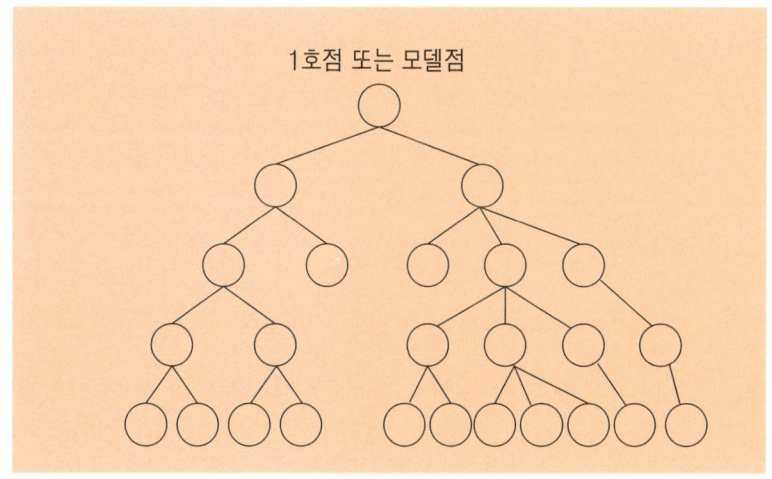

매장이 처음에는 한 개뿐이라 해도 그 한 매장이 장사가 잘되어서 수익이 높고, 본사의 매장지원 및 관리에 있어 가맹점주가 긍정적으로 평가 할만 하면 본사가 아무말 안해도 장사가 잘되는 가맹점주는 자기주변의 친인척이나 친구, 선후배 심지어 매장을 찾는 고객에게도 자기 브랜드를 적극 권유하게 된다.

한 개 매장을 통해서 2~3개의 새로운 가맹점이 오픈하는 경우도 많다. 물론 표시된 경우처럼 가맹점주를 통해서 새롭게 오픈하지 않는 경우도 있지만 위의 그림과 같은 형태로 매장이 늘어나게 된다.

그렇다면 TV에 나오는 롯데리아, 이랜드, 파리바게뜨의 광고는 무엇인가?

우수 프랜차이즈 역시 광고를 하는 경우가 있는데 그것은 가맹영업을 위한 직접광고가 아니다. 브랜드의 이미지를 높이기 위한 이미지 광고나 제품 광고인 경우가 대부분이며 결코 가맹영업을 위한 직접광고는 하지 않는다. 프랜차이즈는 광고를 전혀 하지 않아도 최초 1개 매장을 통해서 수 백개 가맹매장이 구전과 소개만으로 충분히 확장될 수 있는 사업이다.

또 TV광고는 지출 비용이 막대하여 프랜차이즈 사업 초창기에 가맹영업을 위해 TV광고에 비용지출을 과다하게 할 경우 투자 광고비에 비해 가맹을 통한 영업이 별로 효과가 없어 가맹영업의 활성화를 기대하기도 어려울 뿐만 아니라 그 결과 재정적 부담을 심각하게 안게 된다. 기존 매장이 이제 수 백개 수준을 넘어서서 본사 연매출이 수백억원 이상의 기본규모를 갖추었을 때가 아니라면, TV광고는 사업초기 비용 과다를 가져와 프랜차이즈 사업 자체를 위태롭게 할 수 있다.

TV광고가 심야 시간대와 한가한 시간대에 얼굴 내미는 정도로는 브랜드 이미지를 제고하는데도 별 효과를 보지 못한다. 그렇다면 프랜차이즈는 TV광고를 전혀 하지 않는가? 그렇지는 않다. 앞서 말한 바와 같이 회사의 연매출이 이미 수 백억원대 이상을 유지하고 있고 기존의 브랜드들과 각축을 벌이게 되는 경우 브랜드 포지셔닝을 위해서 캠페인 광고나 시리즈 광고를 시작할 수 있다.

그 대표적 사례가 파리바게뜨이다. 90년대 파리바게뜨가 TV광고를 시작할 무렵 베이커리 업계의 선두주자는 크라운베이커리였고 고려당, 신라명과, 뉴욕제과 등과 각축을 벌이고 있을 때였다. 이때 시작한 파리바게뜨의 '채시라' 라는 당시 최고의 탑 탤런트를 통한 광고는, 우수한 여러 브랜드가 경합을 벌이며 소비자들의 마음속에 탑 브랜드가 아직 자리잡기 이전의 상태였으므로 파격적이고 효과 높은 광고였다. 당시 베이커리 업계가 종종 TV광고를 선보였지만 미약한 수준이었고 뉴욕제과는 뉴욕에 공부하러간 박중훈이라는 당시 탑 영화배우를 통해 라디오 광고를 들려주는 수준이었다. 당대의 탑 탤런트를 베이커리의 광고모델로 해서 주요 시간대에 집중했던 광고는 타 브랜드와 차별화 시키며 소비자들 마음속에 포지셔닝 하는데 성공했다. 물론 파리바게뜨가 매장에서 직접 구워서 파는 상품의 비율을 업계에서 가장 높은 비중으로 매장에서 선보이는 등 여타의 마케팅 전략도 주효했지만, 브랜드 차별화의 결정타는 TV광고였다고 본다.

사실, 파리바게뜨가 가장 맛있는 빵을 만들어 판다고 얘기할 수는 없다. 여타의 브랜드의 상품의 질도 결코 파리바게뜨 못지 않다. 포지셔닝의 이론대로 누가 먼저 소비자의 마음 가운데 TOP으로 자리잡느냐가 중요하다. 미국에서는 로컬브랜드이지만, 한국에서는 탑브랜드인 베스킨라빈에서도 찾아볼 수 있다. 이와 같이 프랜차이즈에 있어서 TV광고는 이럴 때 결정적인 역할을 해줄 수 있는 광고매체는 될 수 있어도 프랜차이즈 사업초창기에 매장확장을 위해서 이루어지는 가맹영업을 위한 광고매체는 될 수 없다.

교촌치킨의 경우도 91년 1호점으로 시작해서 99년 50호점, 2002년 500호점을 넘어서 부터 2002년 7월 미디어 홍보를 시작한 사례로 찾아볼 수 있다. 지금은 우수 브랜드가 된 교촌치킨도 1호점 시작 10년만에 프랜차이즈 사업 본격화 7년만에야 TV 광고를 시작한 것이다.

2) 신문광고로 가맹영업을 성공할 수 있을까

동일한 대답이지만 신문광고 역시 프랜차이즈 사업을 성공으로 이끌지 못한다. TV광고에 비해서는 광고비도 적고 신문광고를 본 독자들의 문의가 바로 이어지므로 상대적으로 가맹영업의 효과는 높지만 이 역시 프랜차이즈와는 거리가 있다. 그렇다면 매일 신문에 등장하는 프랜차이즈 신문광고는 왜 내는 것일까? 그것을 유형별로 나누어 보면 다음과 같다.

(1) 매장 개설이익을 주력하는 창업 알선형의 본사들

이들은 1개 매장이 오픈할 때 발생하는 개설 수익에 사업의 총력을 기울인다. 가맹점과 본사와의 계약에서 개설 수익을 낼 수 있는 모든 명목 -가맹비, 초도상품비, 인테리어비- 을 통해서 소형프랜차이즈는 보통 적게는 1,000만원 내외에서 많게는 3,000만원 내외의 수익을 내고, 중형 프랜차이즈는 적게는 2,000만원에서 많게는 5,000만원 내외의 수익을 낸다.

이 개설수익에 치중하는 회사들이 신문광고에 주력한다. 거의 예외 없이 8도에 가맹지사를 가지고 있고 그 지사 내에는 오더맨들이 영업을 하고 있어서 5단통 한번 광고에도 한개 지사에서

1~2건만 잡아도 10~20건 이상의 계약이 가능하다. 이런 회사는 오직 이 개설 이익을 노리고 신문광고를 한다.

(2) 재무구조가 취약한 본사들

이 유형의 회사는 재무구조가 취약해 적자 구조에서 벗어나기 위해 매장 확장을 구전과 소개로 이어는 자연적인 가맹영업을 통해서만 기다릴 수 없어서 신문광고를 통한 인위적인 영업에 적극성을 띠게 된다. 그리고 광고가 한번 나가서 몇건이이라도 계약하면 본사에 입금되는 돈이 다 수익금은 아니지만 우선 인테리어비를 포함해 일단 굴릴 수 있는 약간의 뭉치돈이 흘러들어오므로 급한김에 광고에 매달려 보는 경우이다.

(3) 새로 창업한 프랜차이즈 본사

새로운 브랜드를 런칭시킬 목적으로 광고를 하는 경우이다.

소비자의 반응도 볼 겸 브랜드로 알릴 겸 전파광고는 광고비의 기본단위가 너무 크므로 일천 만원 내외에서 시행해 볼 수 있는 신문광고를 택하여 실시하는 경우이다. 그러나 이것 역시 신문광고를 통한 브랜드 런칭은 결국 실패하게 되어있다.

거의가 위의 3가지 유형의 회사들이 신문광고를 실시하기 때문에 신문광고에 나오는 브랜드 중에서 우수 브랜드를 찾아보기란 어렵다고 본다. 우수 프랜차이즈들은 현재는 매출의 규모는 아직 크지 않더라도 재무구조가 안정되어 있고 매장의 영업상태가 매우 우수하여 구전과 소개로 문의자가 이어지므로 이들 문의자 중 오히려 우수한 자질의 예비 가맹점주를 선별하는 일을 하기까지도 한다. 그러므로 신문에 한번쯤 광고를 내볼 수는 있어도 신문광고에 주력할 이유는 전혀 없는 것이다.

그러나 신문광고를 굳이 택하는 경우라면 집행하는 광고의 스타일은 고지광고형식을 택하는 것이 효과적이다. 광고의 주 타겟이 창업 희망자이기에 호기심이나 충동적인 접근과는 매우 거리가 멀기 때문이다. 그들의 준비된 사업자금과 개인적 자질과 취향에 맞는지를 판단하는데 구체적으로 도움이 되는 광고인 고지광고형식을 통해 아이템이 무엇이며 특성이 무엇인지 등의 내용을 그리고 사업비용의 대략적 규모(소형 프랜차이즈인지, 중형 프랜차이즈인지)와 사업장의 기본요건 등을 밝히는 고지광고형식을 선택하는 것이 바람직하다. 이미지광고나 호기심을 자극하는 광고를 할 경우 전화문의는 많이 올 지 모른다. 그러나 전화문의가 많이 온다고 좋은 결과를 맺지는 못한다. 왜냐하면 결국 전화상으로 문의는 하지만 사업비용 규모가 맞지 않으면 거의 다 전화상담에 그쳐버린다.

또 사업내용의 경우 주류업을 기피하는 사람은 사업비용 규모와 맞아도 그 사업에 뛰어들지 않는다. 또 전화상담을 통해 체계적으로 아이템 소개를 할 수 있는 인력은 제한적인데 전화문의가 쇄도하면 제대로 답변을 할 수 없는 상황이 벌어져서 전화를 받는 데만 시간을 다 보내는 경우도 발생하기 때문에 신문광고는 고지 광고를 택해서 문의자를 선별하는 것이 더 성과를 높일 수 있다.

5. 전국 프랜차이즈매장 전개 전략

우리나라 사람들의 성격이 급한것은 우리 스스로도 인정하는 바이다. 이 급한 성격이 장점이 되기도 하지만 단점이 되기도 한다. 건설업에서는 조기 완공이라는 장점이 되기도 하지만, 서두른 탓에 부실 시공이라는 단점을 낳기도 한다.

프랜차이즈를 전개할 때도 동일한 성격이 적용될 때가 많다.
1호점이 오픈 되고 직영 혹은 가맹 매장을 확산시켜 나갈 때 서울과 대전, 부산과 같은 대도시에 직영점을 세우고 그 대도시를 거점으로 그 해당 지역의 가맹점들을 확대해 나가는 계획을 세우는 경우가 많다. 하지만 이것은 효율적인 전개 방식이 아니다. 특히 중소기업은 더더욱 그렇다. 수도권에 매장을 전략적으로 개설하여 서울, 경기 지역의 프랜차이즈 시스템을 서서히 완벽한 시스템으로 만들어 가다가, 서울-경기 지역의 매장확산을 통해 매장상품의 노하우를 다듬고 유통상품의 노하우를 충분히 구축해서 이 지역만으로도 손익분기점을 넘길 수 있는 프랜차이즈 시스템을 만든 후 대전 중부지역과 부산 영남지역, 광주 호남지역의 공략에 나서야 한다.

교촌치킨의 경우도 영남권에서 시작해 전국적인 우수브랜드로 성장한 케이스이다. 91년에 경북 구미에서 교촌통닭이란 상호로 출발, 95년에 프랜차이즈 사업 본격 시작 후 97년 30호점, 99년 50호점, 2001년 280호점, 2002년 520호점, 현재 800개가 넘는 가맹점을 운영하고 있다.

매장 수가 많아지는 것이 프랜차이즈의 성공의 척도가 절대 아니다. 매장의 수가 적더라도 흑자를 낼 수 있는 프랜차이즈 시스템을 구축하는 것이 프랜차이즈 사업의 관건이다. 물론 예외는 있다. 편의점과 같은 대형 유통망은 주로 대기업에서 전개하므로 그 예외에 해당된다.

그러나 이 역시도 1호점부터 구축해 서서히 나갈 수 있다. 실제 편의점의 원조격인 미국에서는 소자본으로 1호점부터 시작해서 서서히 지금의 세계적인 프랜차이즈 시스템으로 발전해 왔다는 것을 간과해서는 안된다. 이미 완성된 외국 브랜드를 들여오는 경우는 기본 물류 시스템을 위한 비용 자체가 초기에 많이 들기 때문에 가맹매장이 1~2백개 선에서는 도저히 손익을 맞출 수 없는 사업인 경우도 있다. 또 대기업은 투자되는 자본이 넉넉하므로, 얼마든지 버티어 낼 수 있는 재무 구조를 갖고 있다면, 별 문제가 없다고 하겠다.

그러나 소규모 자본으로 1호점부터 시작하는 중소기업 형태의 프랜차이즈 회사들 중 특히 중형 프랜차이즈, 소형 프랜차이즈 아이템의 회사들은 지역 집중화를 먼저 거쳐서 시스템을 구축한 후 전국 확산화 과정을 밟는 것이 실패 위험성을 최대한 줄이고 장수하는 성공브랜드를 만들 수 있다.

6. 브랜드(Brand) 확산 전략

1) 주력해서는 안되는 전략

⑴ TV, 라디오의 전파 광고

상품이 개발되면 곧바로 그 상품을 소비자에게 알릴 수 있도록 런칭광고를 시작한다. 그것을 시리즈 광고로 가져가기도 하고, 캠페인 광고로 가져가기도 한다. 이러한 광고를 통한 방식이 대부분의 상품 마케팅에 통용된다. 그러나 프랜차이즈에 있어서는 이 같은 방법으로 접근해서는 안 된다.

이 같은 방식은 제품이 개발되면 이미 정해져 있는 유통경로를 통해 소비자가 광고를 보고 구매 의욕을 갖게 되면 곧바로 구매 행위로 이루어질 수 있도록 유통망이 이미 준비된 상태에서나 가능한 것이다. 예를 들어 새로운 샴푸가 개발 되면, 이 샴푸를 각 슈퍼마켓, 할인 매장, 백화점 매장, 편의점, 동네 연쇄점 등에 기존의 유통 업자의 유통경로를 통해서 전국적으로 매장마다 진열해 둔 뒤, TV광고를 통해 신제품을 알리면 고객들이 매장에 샴푸를 사러 왔다가 TV광고를 통해 알려진 이 제품에 호감을 느끼거나 호기심을 갖게 되면 구매가 시작되어, 반응이 좋으면 매출이 계속 신장되고 반응이 없으면 매출은 일어나지 않게 된다.

그러나 프랜차이즈는 다르다. 프랜차이즈는 먼저 1호점의 매장을 내야한다. 1호점의 매장이 성공을 거두어야 2호점, 3호점을 오픈할 수 있다. 1호점을 내놓고서 이 1호점의 매장의 판촉을 위해 TV광고나 라디오 광고를 시작하는 것은 어리석은 일이다.

또 하나 가맹점을 모집하기 위해 TV광고를 할 경우도 마찬가지이다. 영업실무편에서 후술하고 있지만, 가맹영업은 피라미드와 같이 연쇄적으로 가맹이 일어나야지 TV,라디오 광고를 듣고 가맹 희망자가 폭발적으로 몰릴 것이란 기대를 해서는 안 된다. 왜냐하면 프랜차이즈 가맹은 새로운 사업을 시작하는 것이므로 TV광고를 통해 사업자를 모집하는 것은 바람직하지도 효율적이지도 못한 방법인 것은 이미 업계에서 검증된 일이다. 프랜차이즈 사업의 속성상 프랜차이즈 가맹은 보통 가맹희망자가 가지고 있는 재산의 반이나 아니면 전재산, 더 심한 경우 빚을 얻어서 하는 경우가 대부분이다.

그러므로 그들의 인생이 달린 중대한 결정 사안이기 때문에 쵸콜릿이나 TV, 가전제품 같은 일반제품 광고와 같이 TV에 자주 등장한다고 호감과 호기심으로 그 제품을 구매하거나 이용하는 것과는 근본적으로 다르다는 것을 알아야 한다. 문의 전화는 이어질지 모르지만 최종 가맹 계약은 광고만으로는 안 되며, 실제 광고를 통해 문의해 오는 가맹 희망자의 최종 계약률과 기존 가맹점주의 소개나 소문을 듣고 찾아오거나 문의해오는 가맹 희망자의 최종 계약률은 매우 많은 차이가 난다. 기존 가맹 점주에 의한 소개 영업은 프랜차이즈에 따라 다르지만 보통 2~3명 중의 한 명은 최종계약을 하지만, 광고를 통해 문의하는 경우는 10~20명 중의 1명이나 혹은 50통의 전화를 받고도 아무 계약도 이루어지지 않을 경우가 많다. 물론 운이 좋아 광고를 통한 10통의 문의 중 1~2건 이상의 계약을 올리는 경우도 있지만 기대할 만한 평균 계약률과는 거리가 멀다.

(2) 신문, 잡지의 지면광고

신문, 잡지 광고의 효과는 제품을 런칭시켰을 때 TV나 라디오

광고의 보조 광고 수단으로 활용될 뿐, 제품의 런칭에 신문이나 잡지광고의 효과는 매우 미약한 편이다. 사업초기 1호점을 내게 되는 경우 그 1호점의 매출증대를 위해 일간지에 광고해봐야 매출은 별로 영향을 받지 않는다.

유력 일간지의 5단통 1회 광고에 1,000만원 이상의 비용이 드는데 5단통으로 10~20번 광고하면 2~3억의 비용이 소요되지만 그 정도 광고로 소비자들 사이에 그 브랜드가 뜰 것을 기대하는 것은 무리가 있다. 한강에 돌던지기 수준의 효과이상 기대하기 어렵다.

신문광고는 가맹점 모집을 위한 광고로는 일시적으로 유용한 일면이 있다. 물로 그 광고 효과마저도 점점 약해지고 있는 추세지만 아직까지도 가맹점 모집의 광고 수단으로 프랜차이즈업계에서는 사용되기도 한다. 그러나 신문광고는 전국의 잠재 고객을 상대로해서 알리고 띄우는데 있어서는, 투입되는 광고비용에 비해 별반 효과가 없으므로 주력해서는 안되는 분야이다.

2) 주력해야 하는 전략

(1) 모델점 또는 1호점의 폭발적 성공전략

1호점이나 모델점은 무조건 잘되야 한다. 수 백개 혹은 그 이상의 숫자로 전국적으로 매장이 확산될 수 있는 최초의 힘은 1호점 혹은 모델점에서 나온다. 그러므로 우수 프랜차이즈의 경우 대부분 1호점의 매출이 동일한 아이템의 다른 매장의 매출보다 최소 2~3배이상은 올리면서 시작하는 것이 보통이다.

1호점은 매출이 매장의 크기나 투자비가 비슷하다고 할 경우 동업종 매장 평균매출보다 최소 2~3배 이상 올라야 프랜차이즈 1호점의 폭발적인 역할을 기대할 수 있다.
그러므로 1호점 초기에는 매출을 올리는데 주력하는 정도가 일반 매장과는 비교할 수 없을 만큼 전사적(全社的)인 힘을 모아야 한다.

그 모델점을 통해서 전국적으로 전개될 가맹매장들이 사업초기에 확산되게 해야 하기 때문이다. 또 고객들로 붐비는 모델점이 대형상권에 입점해 있는 경우나 눈에 잘 띄는 도로변에 있는 경우, 그 모델점이 1층에 위치한 매장일 경우는 그 브랜드의 파급효과는 매우 높다.

1호점이나 모델점의 매장매출과 순이익 모두가 매우 높은 것이 최상의 상태이겠지만 실제로 매장 운영이 시작되면 동시에 두 가지를 다 쫓는 것이 어려울 때도 있다. 그럴때는 매출을 극대화 하는데 우선 주력하고 순이익은 차순위로 두고 높은 매출을 먼저 확보하는 순서로 진행하는 것이 바람직하다.

매장 영업의 경우 고정비-점포임대료, 직원 인건비등이 정해져 있어 매출이 높아질수록 순이익률이 가파르게 상승되는 특성이 있음을 매장을 운영 해본 사람은 누구나 경험한 일이다.

또, 1호점이 예상보다 약할 경우 부족한 부분을 보완해서 2호점이나 3호점의 매출이 폭발적으로 터지는 사례도 있다.

(2) 가맹매장관리에 최우선 전략

프랜차이즈 사업성공의 중심축은 전국적으로 매장이 확산되는 매장전개에 있다. 결국 전국적으로 수많은 매장을 오픈시켜서 운영하는데 필요한 주력은 광고도 아니고 가맹 영업도 아니다. 오직 그것은 가맹점의 관리에 있다. 프랜차이즈 본사를 운영하다보면 신규 매장의 개설수익이 본사운영에 있어 재정적 비중이 높게 차지할 때가 있다.

특히 매장수가 몇 개 없어서 유통수익을 기대하기 어려울 때는 더욱 그렇다. 그러다 보면 기존 매장보다는 신규 매장개설을 위해 더 주력하게 된다. 한정된 인력과 자금은 관리(특히 가맹점 관리)와 영업(가맹영업) 모두 다 충족하기에는 절대인원과 자금이 부족한 경우가 발생하는데, 이때는 버틸 수 있는 한 가맹점 관리에 인력과 자금을 쏟아 부어야 한다.

당장의 개설 이익을 쫓는 프랜차이즈 시스템으로 빠져들면 악순환의 고리를 이어가게 된다. 가맹점 관리에서 인력과 재정투자가 부족해지면 가맹점은 불만이 쌓여가고, 설령 가맹점들은 어느 정도 높은 수익을 올리고 있어도, 그들은 주변 사람이나 매장 고객들에게 가맹을 권유하거나 유도하지 않고, 또 호감을 갖고 문의해 오는 사람들에게도 호의적으로 본사에 대해 말하지 않으므로 소개를 통한 가맹은 거의 없어진다. 또 본사가 광고를 통해 가맹 희망자를 모아서 가맹영업을 진행한다 해도, 기존 가맹점들이 가맹 희망자들에게 호의적으로 본사에 대해 이야기 하지 않으면 정상적인 가맹영업을 통해서는 가맹 계약률이 현저히 떨어져 매장개설을 통한 수익도 줄게 되므로 재정이 계속 악화된다.

이러한 현상은 악순환의 고리로 계속되는데 상당량의 재정지원이 일시에 이루어지지 않는다면, 승부수는 가맹점 관리에 걸어야 본사가 살아날 수 있다. 기존 가맹매장의 매출증대를 위해 수십만원의 판촉경비와 수명의 인력이 소비되었다 할 지라도 그 가맹점주가 본사를 신뢰하게 되어 한 명을 소개시켜주어서 가맹을 하게 되면 곧바로 소형 프랜차이즈, 중형 프랜차이즈별로 차이는 있다해도 최소 2,000~3,000만원 내외 이상의 개설 수익이 생긴다는 점을 간과해서는 안된다.

이러한 원리를 가맹점관리에 적용해야 하는 것이 너무 자명한 사실이지만, 실제 그렇게 진행하지 못해서 악순환의 고리를 끊지 못하는 프랜차이즈 본사가 매우 많은 것이 현재 한국 프랜차이즈의 현실이다.

(3) 장기계획의 수립 전략

신규사업 마케팅에서 브랜드가 소비자에게 알려져서 뜨는데 소요되는 기간을 보통 5년은 잡아야 한다고 말한다. 프랜차이즈 브랜드 역시 비슷한 적용을 받는다. 1호점이 오픈하고 최소 5년 내외의 시간 혹은 그 이상이 걸려야 브랜드가 전국적으로 뜰 수 있다는 것을 전제하고 계획을 세워야 한다.

시내를 지나다 보면 광고탑을 보게 된다. 이러한 한 개 광고탑은 일정한 광고 효과를 충분히 내기 때문에 서울 시내에는 수 천개의 광고탑들이 있다. 프랜차이즈 매장은 간판과 매장들 그 자체가 광고탑 이상의 광고효과를 낸다. 그리고 그 매장을 직접 이용한 고객은 그 매장의 자발적 홍보요원이 된다.

그러므로 100개, 200개, 300개의 매장은 그 자체가 엄청난 광고탑이요 홍보물인 것이다.

다만 그 매장의 상품과 서비스가 고객의 평가기준으로 우수해야 함은 너무도 당연한 일이다. 고객이 만족하는 우수한 아이템은 매장이 오픈되고 나면 TV광고, 라디오광고, 신문광고를 하지 않아도 그 브랜드는 자연스럽게 뜨게 된다.

브랜드를 띄우기 위해 불필요한 광고비를 지출하지 말고, 그 비용을 가맹점 관리를 위해 투자하고 장기계획을 세워 멀리 보고 기다리는 자세로 프랜차이즈 브랜드가 뜨기를 계획해야 한다.

(4) 매장수 확장보다 재무구조 우선 확보 전략

프랜차이즈를 전개하는 대부분의 본사에서 지금은 적자지만 매장이 50개, 100개 되면 흑자가 돌아설 것이라는 기대를 많이 하지만, 실제 매장이 50개, 100개가 되어도 그 적자 구조는 별로 달라지지 않는 것을 볼 수 있다.

그 이유는 전술한 바와 같이 본사가 로열티를 통한 가맹 매장의 수익 확보가 아직은 우리나라의 관행상 구조적으로 쉽지 만은 않기 때문이며 그 결과 유통의 노하우를 갖춰야지만 유통수익을 통해 흑자 프랜차이즈로 갈 수 있기 때문인 것이다.

그러므로 매장이 늘어난다고 해도 유통 노하우가 개발되지 않으면 본사의 부실한 재무구조는 실상 별로 개선되지 않는다. 가맹점별로 로열티를 거두어 봤자 업종에 따라 다르지만, 유통 노하우가 없으면 가맹점은 로얄티를 잘 내지 않는다.

매장이 늘어나면 대량 구매가 시작되어 구매상품의 코스트 다운을 통해 본사이익이 증대되기를 크게 기대하는 것은 현실적으로 맞아 떨어지지 않을 때가 많다.

워낙 유통이 다원화되어 있는 현실에서 100개 미만의 매장수일 때의 단가 다운은 생각보다 크지 않을 때가 많다. 그러므로 현재 인원을 최소화하고 불필요한 것은 아웃소싱으로 하고, 여러 가지 방법을 통해 재무구조를 지금 당장 최소의 적자폭이나 흑자구조를 만들어내는 일에 최선을 다해야 하며, 무조건 매장이 늘어나면 재무구조가 개선될 것이라는 막연한 예측으로 운영해 가서는 안 된다.

물론 본사가 C.K(Central Kitchen)를 만든다든지 생산공장을 짓는다든지 하는 경우는 워낙 큰 사업비가 소요되므로 재무구조가 일정기간 넉넉하기 어려운 어쩔 수 없는 상황으로 사업이 진행되는 경우도 있지만, 그런 예외적인 투자 상황이 아니라면 항상 재무구조 우선으로 사업이 전개되는 것에 일 순위를 두어야 한다.

(5) 사업 초 직영점 확산 전략

프랜차이즈 사업의 초기에 있어 가맹 매장수가 적을 때는 본사 유통수익이나 로열티 수익이 적을 수 밖에 없으므로, 앞에서 기술한 바와 같이 가맹점 수가 늘면 개선될 것이라는 기대섞인 예측으로 운영해 나가는 것은 절대 금물이다.

그렇기 때문에 사업초기에는 준비된 자본이 충분하지 않는 한, 가맹사업전개를 위한 투자보다는 직영점의 확산을 통해 고정수익을 확보하는 것이 더 안정적이고 효율적이다.

물론 소형 프랜차이즈의 경우는 직영점 확산전략이 실효를 거두기가 쉽지 않다. 소형프랜차이즈 매장의 월평균 수익이 200~500만원 사이가 대부분이기 때문이다.

그러나 중형 프랜차이즈의 경우 우수매장은 월 1~2천만원의 수익은 어려운 일이 아니므로 이런 규모의 매장은 서너 개만 확보해도 매월 5천~1억의 고정수익을 확보할 수 있고, 이를 바탕으로 가맹사업을 전개한다면 파행적 운영은 충분히 피해갈 수 있고 안정적 프랜차이즈 전개가 가능하다. 그러므로 단기간에 큰 수익을 내려는 과욕의 마인드를 잘 절제시켜 나가는 일이 프랜차이즈 사업전개에서 매우 필요한 일이라 하겠다.

(6) 프랜차이즈 브랜드 파워 공식

프랜차이즈에 있어 브랜드 파워를 나타내 주는 공식은 다음과 같다.

> 공식 = 브랜드 선호도 × 매장 노출률 × 매장수

브랜드 선호도와 매장수는 굳이 설명할 필요가 없는 요소라 본다. 여기서 유의할 것은 매장 노출률이다.

본사 입장에서 아웃백이나 베스킨라빈스와 같이 노출이 우수한 입지를 골라 입점하는 것이 브랜드 파워를 높이는데 중요역할을 해준다. 가맹점주는 오직 투자대비 손익에 집중해야 하지만,

본사 입장은 당장의 가맹점의 손익 외에도 장기적 안목에서 브랜드 파워를 높여 놓아야 하므로, 매장의 노출률을 고려한 입지전략을 실행해야 한다. 그것은 A급목 입점이나 간판 또는 외부 노출 증대 등으로 수립되어야 한다.

패밀리 레스토랑인 시즐러와 같이 나름대로 선호고객층이 있지만, 매장노출률이 너무 떨어져 브랜드 확산에 어려움을 겪는 경우도 있다.

IX. 한국시장의 프랜차이즈 실무 전략

1. 프랜차이즈 사업본부 조직
2. 프랜차이즈 가맹영업 – 가맹영업의 7가지 방법과 효과
3. 프랜차이즈 상권분석과 점포개발 업무
4. 매장 인테리어와 오픈업무
5. 프랜차이즈 가맹 매장관리 업무
6. 물류 업무 – 아웃소싱 줄 것인가 말 것인가

IX. 한국시장의 프랜차이즈 실무 전략

1. 프랜차이즈 사업본부 운영

1) 사업본부의 단계별 조직구조

프랜차이즈 사업본부의 조직구성은 다음과 같이 두개팀으로 시작할 수 있다.

첫째, 영업팀은 마케팅, 가맹영업, 점포개발업무를 수행한다.
둘째, 관리팀은 매장오픈, 매장관리, 물류업무를 수행한다.

조직이 조금 더 커지면 영업파트에서는 마케팅기능을 먼저 독립시키고 가맹 영업과 상권 분석팀을 묶어서 가져가는 것이 효율적이다. 왜냐하면 가맹 영업과 점포개발은 예비 가맹점주를 상대해야 하기 때문에, 인원부족이나 규모 부족일 경우 묶어서 함께 운영해 나가는 것이 가맹 영업의 성공률을 높여준다.

쉽게 말해 가맹 영업사원이 상권 분석과 점포개발을 독자적으로 수행할 만한 전문성을 갖게 해주는 방식이 좋다. 브랜드 파워나 회사 신뢰도가 높지 못한 소규모 사업 초기에는 회사에 대한 가맹 희망자들의 불안감이 크다. 따라서 필드에서 뛰는 영업사원의 현장성과 전문성을 통해 상쇄시켜 나갈 수 있는 좋은 방식이 되기 때문에 이 방식이 효율적이다.

관리 파트에서는 인력의 규모상 3개팀으로 가져갈 수 없다면 매장 오픈팀을 먼저 분리 시키고 매장 관리팀과 물류 배송팀을 묶어서 가져가는 것이 효율이 높다.

왜냐하면 매장이 수십 개 미만일 경우는 아직 물류 시스템이 본격화되기 어렵고 수퍼바이저 활동을 본격화 할 만한 인력도 미흡한 조직구조이므로, 매장 배송을 매장 관리팀에서 맡아서 하면서 배송을 통해서 가맹점주와의 접촉 빈도를 높이고 점주 불만도 해소해 주는 역할을 해주는 것이 좋다.

특히 물류를 체계화 해 나가기 위해서는 수퍼바이저 역할을 하는 매장 관리팀 중 팀장이나 회사 핵심 멤버가 유통시킬 수 있는 물류 품목들을 정리해서 분석해 나가는 일을 사업 초기부터 시작해야 한다.

인원수별로 조직을 구성하면 다음과 같다.
- 1단계조직 : 약 5명 내외
- 2단계조직 : 약 10명 내외

- 3단계조직 : 약 20명 ~ 30명 내외
- 4단계조직 : 약 50~100명 이상

약 20명 내외의 인력으로 확장되어야 프랜차이즈 고유의 6개 팀별 시스템을 본격적으로 가동할 수 있다. 물론 각각 사업본부의 특성에 따라 상기 인원의 숫자에 융통성을 가질 수 있다. 그러나 여기에서 더 늘어난다고 해도 프랜차이즈 사업본부의 핵심 기능은 6개 팀의 기능을 벗어날 수 없다.

여기서 조직이 더 커지면 마케팅에서 기획팀, 조사팀, 메뉴개발팀, 상품 개발팀, 신규 사업팀들이 나오게 되고 가맹 영업은 영업 1팀, 2팀, 3팀으로 나뉘게 되며 상권분석 & 점포개발팀은 상권 분석팀과 점포개발팀으로 나뉘거나 아니면 서울과 지방을 나누어서 담당하는 형태로 발전시키거나 이 두가지를 조화시키는 방향에서 업무가 진행되어야 한다.

매장 오픈팀은 인테리어 실무팀과 오픈 지원팀으로 업무가 분화되며 매장 관리팀은 수퍼바이저 1팀, 2팀의 형태로 나뉘면서 지역별로 매장관리팀을 분할하는 형태로 가야 한다.

물류팀은 자체 내에서 제조 시설을 갖는 경우와 그렇지 않는 경우로 나뉜다. 또 물류의 배송 기능만을 아웃소싱으로 가져갈 수 있다. 물류팀은 배송팀과 구매팀, 생산팀으로 분화되어야 한다.

만약 직접 생산하는 제품이 있는 프랜차이즈의 경우는 그 생산팀은 생산 규모에 따라 별도의 공장으로 독립되어 운영하게 된다.

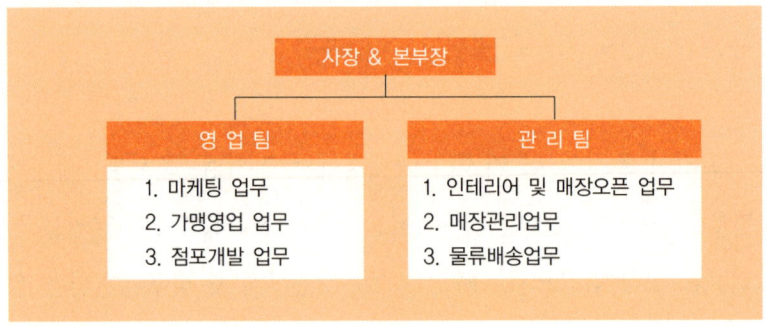

- 사장이 본부장을 겸하면서 실무를 익히며 사업시작하기 좋은 단계이다
- 최소 2~3명에서 5~6명 수준까지 가능한 조직이다.
- 팀내에서 현재의 인력들이 다른 업무도 익혀 둘 수 있는 좋은 단계이다
- 이 시기는 직원들을 멀티플레이어 방식으로 운영해야 한다.

프랜차이즈 사업본부 2단계 조직 (도입기)

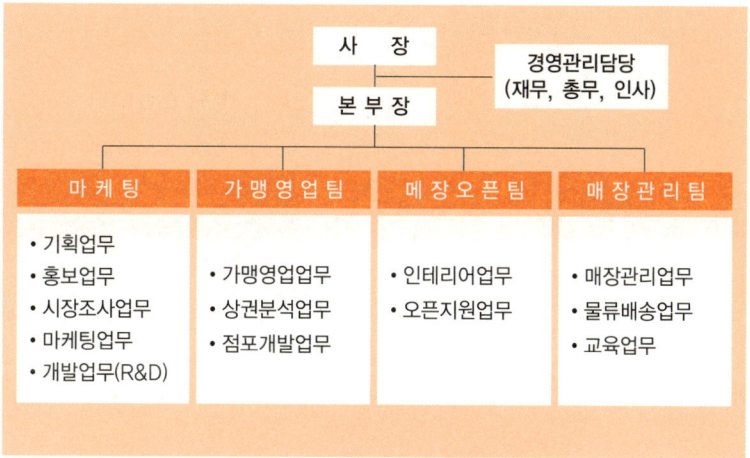

- 10명 내외에서 이 구조를 시행해야 한다.
- 10명 수준에서 업무를 너무 분화시키면 효율이 떨어질수 있어, 20명 내 외 도달시점까지는 6개 기능팀 보다 4개 기능팀의 구조가 효율적이다.
- 이 시기 부터는 각 직원에게 멀티플레이어 방식에서 벗어나 업무분담을 정확히 하고 그에 따른 책임과 성과를 분명히 해야 한다.
- 마케팅 부분은 사장이나 본부장 중에서 더 마케팅 감각이 우수한 사람의 직속으로 두어야 한다.

프랜차이즈 사업본부 3단계 조직 (성장기)

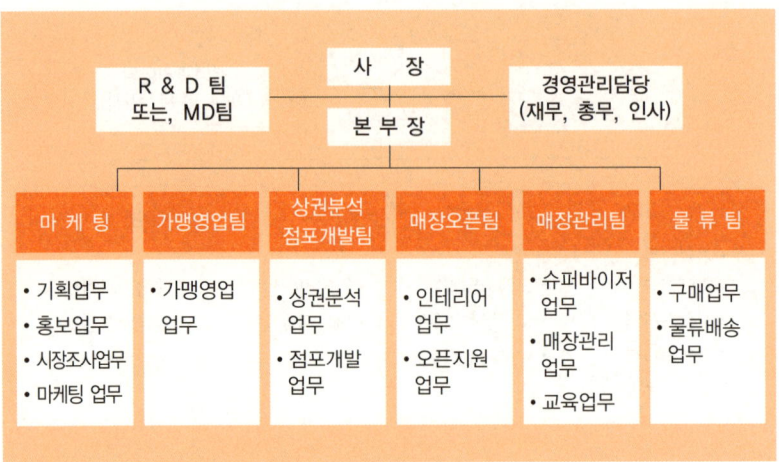

- 20명~30명 수준에서 이 구조를 가져가게 된다.
- 메뉴개발, 상품개발업무는 브랜드의 사활이 걸려 있는 중대한 업무이므로 가능한 한 사장직속으로 운영하는 것이 경쟁력을 놓치지 않게 해준다.
- 회사에 따라서는 상권 분석팀을 사장직속으로 운영하는 사례도 있다. (예, 이랜드)
- 마케팅팀을 본부장직속으로 두기 위해서는 본부장의 마케팅능력이 탁월해야 하며, 탁월성이 아직 입증되지 않을 경우 사장 직속으로 두어야 브랜드가 더 큰 역량을 발휘 할 수 있다.

프랜차이즈 사업본부 4단계 조직 (성숙기)

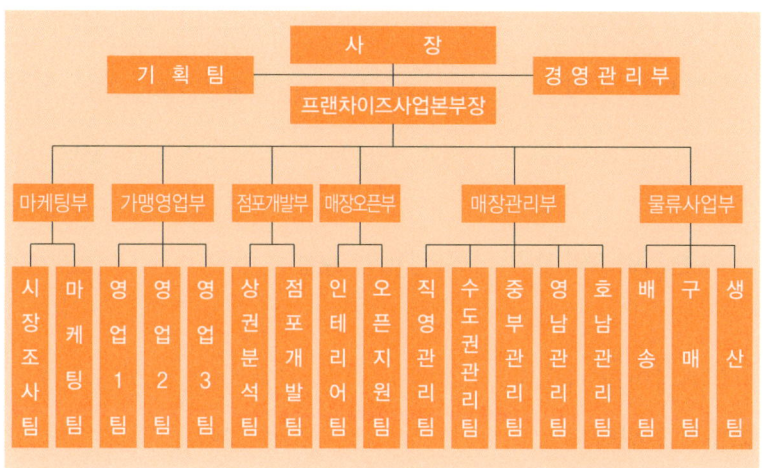

- 50~100명이 넘어서면서 이러한 구조를 갖추게 된다.
- 1개 브랜드를 기준으로 사업본부의 조직구조를 설정했으므로 한 개 회사가 2~3개의 브랜드를 출시하여, 한 개 회사 내 사업본부가 2개 이상 운영될 경우는 상기구조와 차이점을 보이게 된다.
- 마케팅부의 기능이 매우 중요하므로, 사장직속으로 두거나 부분적으로 사장직속으로 운영하는 것이 바람직 할 수 있다.
- 메뉴개발, 상품개발 업무는 회사의 사활이 걸려있는 중대한 업무이므로, 가능한 한 사장직속으로 운영하는 것이 경쟁력을 놓치지 않게 해준다.

인테리어 업무는 직접 회사가 운영해 나가는 방법과 외주를 주는 방법이 있다. 물류 사업도 제조 공장을 가져갈 경우가 있고 외주로 갈 경우가 있다.

재무팀은 사장직속으로 두는 것이 더 효율적이다. 사장(주로 오너)이 직접 관장해야 회사가 제대로 기능을 발휘할 수 있다.

2) 프랜차이즈의 본부장 중심제의 효율성

프랜차이즈 시스템은 업무에 흐름이 있다. 그것은 신규 가맹희망자가 인위적으로 발굴되거나 자발적으로 찾아온 뒤 그 희망자가 새로운 매장을 오픈하고 운영해서 자리잡아 수익을 내는 매장이 되기까지 업무의 연속성을 띠고 있다.

예비 가맹 희망자가 회사를 퇴직한 후 가맹점 창업을 하려고 프랜차이즈 본사를 찾았을 경우, 그는 처음 가맹 영업팀을 만나고 그 다음 상권 조사팀을 만나고 점포가 확정되면 오픈팀을 만난다. 매장 공사가 진행되어 오픈되면 매장 관리팀과 접하게 되고, 그 후에는 주기적으로 물류팀을 통해 물품을 공급받게 된다. 이와 같이 프랜차이즈 시스템은 강물이 흘러가듯 1명의 가맹점이 매장오픈과 매장운영으로 이어지는 과정을 통해 업무가 흐르게 되어있다.

이 업무의 흐름을 한 사람이 쥐고 있어야 업무의 효율이 증대

될 수 있다. 가맹영업이 진행 중 가맹희망자가 기존 가맹점주의 매장을 조사하기 위해 방문했다가 기존 가맹점주로부터 본사에 대한 많은 컴플레인을 듣게 되면 그 가맹 희망자의 가맹계약 체결은 곧장 어려움에 빠진다. 영업사원 혼자 잘한다고 가맹계약이 이루어지지는 않는다.

본부장이나 팀장은 이때 예비가맹업주가 기존 매장을 방문했다가 듣게 된 부족한 부분의 매장지원을 신속히 조치해야 한다. 한 명의 본부장 아래 가맹 영업팀장과 매장관리팀장 위로 상사가 따로 있어 두 상사가 최고 경영자인 사장을 만나야 문제가 해결되는 프랜차이즈 조직은 효율을 잃게 된다. 대기업이 프랜차이즈 사업에서 계속 어려움을 겪는 이유이기도 하다.

특히 프랜차이즈 시스템 준비기와 매장 성장기까지는 본부장 중심제를 고수해야 한다. 물론 매장이 수 백개로 늘어나고 조직이 커지는 프랜차이즈 사업 성숙기에는 조직도 비대할 뿐 아니라 프랜차이즈 시스템도 성숙되어있어 즉시즉시 수정 보완해 나갈 점보다는 기존시스템을 유지, 관리하는데 초점이 맞추어지므로 굳이 본부장 중심제를 고수할 필요가 적으나 매장 수 성장기까지는 절대적으로 본부장 중심제를 유지해야 한다.

3) 사장과 본부장과의 관계

프랜차이즈에서는 사장 밑에 본부장을 둘 경우 조직의 효율성이 더 살아나는데

첫째, 사장이 지시가 자주 번복되는 경우 리더쉽을 약화시키는 결과를 초래하게 되는 것이 모든 조직의 속성이다. 그런데 프랜차이즈 사업 초·중기에는 프랜차이즈 시스템정착을 위해서 수많은 시행착오를 겪게 되어 있는데 그 시행착오의 정점에 최고경영자인 사장이 계속 서 있는 것은 조직의 리더쉽을 약화시킬 수 있다. 그러므로 본부장을 중간에 세워서 완충 작용을 할 필요가 있다.

둘째, 정책 결정이 아닌 반복되는 업무와 어느 쪽을 결정하느냐에 따른 큰 리스크가 없는 업무들까지 최고경영자인 사장이 직접 관여할 필요는 없다.

셋째, 앞에 언급한대로 프랜차이즈 업무는 강물같이 흐르는 흐름이 있어 그 흐름을 꿰뚫는 사람이 필요하다. 사장은 사업초기에는 자금조달 문제를 직접 담당할 수밖에 없는 입장에 있기에 실무의 흐름을 매일 지켜볼 입장이 못 된다. 그러므로 사장은 본부장에게 프랜차이즈 시스템 운영을 대폭 맡기고 정책 결정, 자

금 조달과 회사를 대표하는 외부, 인사업무 등에 주력해야 한다.

자금 운용에 있어서 사업비와 같이 큰 자금이 소요되는 것은 사장이 직접 관장해야 하지만 출장비나 시장 조사비와 같은 상시 업무비용은 본부장 전결로 가져가야 업무의 효율을 높일 수 있다.
사장이 본부장을 신뢰할 경우 그 신뢰도에 따라 자금운용의 범위가 주어질 수 있겠지만 가능하면 본부장에게 최대한 위임하는 것이 프랜차이즈 시스템의 성격상 효율이 높아진다.

2. 프랜차이즈 가맹 영업 실무

프랜차이즈 가맹점의 확산을 위한 가맹영업은 다음의 7가지 방법이 있으며 그 장점과 단점을 기술하면 다음과 같다.

1) 구전과 소개를 통한 가맹영업

사람들의 입을 통해서 브랜드가 우수하다, 매장영업이 잘 된다. 등등의 소문이 나기 시작해야 가맹영업이 제대로 이루어진다.
가장 큰 효과는 역시 가맹점주들의 입소문이다. 그리고 이것은 프랜차이즈 매장 확산의 가장 큰 기폭제이다. 이 부분을 소홀히 하면 프랜차이즈의 매장 전개는 거의 불가능해진다. 왜냐하면 어느 예비 가맹점주라도 기존의 매장 점주들을 만나보고 의견을 수렴하는데 이때 기존 점주의 평가는 가맹 희망자들의 사업여부 결정에 결정적이다.

기존 가맹점주들이 만족하면 프랜차이즈의 성공은 100% 가까운 보장을 받은 것이나 다름없다. 그러나 실제로 기존 가맹점주의 만족을 이끌어 내기란 쉽지 않다. 특히 프랜차이즈 사업 초창기 몇 년 사이에는 시스템이 완전히 갖추어진 상태가 아니라 가맹점주들의 기대를 충족시키기가 매우 어려운 것이다.

기존 가맹점주가 새로운 가맹점주를 확보하여 본사에 소개하지 않는 이유는 둘 중에 하나이다. 하나는 매장영업을 통해 가맹점주의 수익이 부진할 때이다. 이는 당연한 현상이다. 둘째는 매장영업이 잘되어 수익성이 매우 높아도 주변의 신규 가맹 희망자를 소개하지 않는 경우이다. 그 이유는 가맹점주가 본사에 대한 불만을 가지고 있는 경우이다. 이런 가맹점주의 불만을 해소하는 주된 방식은 프랜차이즈 시스템이 충분히 갖추어지기 전인 사업 초기에는 시스템 정비에 주력하기 보다는 적극적인 수퍼바이저 활동을 통해 현재의 본사 상황과 업무 상황 그리고 향후 시스템 보강계획을 알려주는 쪽을 택해야 한다.

이 가맹 점주들의 불만을 비즈니스로 직접 조치해서 해결하거나, 안되면 정서적 접근을 통해 마음을 풀어주고 본사의 지지자로 끌어들이는 일을 가맹영업보다 더 우선 순위를 두어야 프랜차이즈 전개에 성공 할 수 있다.

특히 10개의 본사지지 가맹점주를 확보하는 일보다 1명의 불만 가맹점주와 관계를 회복하는 일이 더 중요하다. 그것은 가맹 영업 현장에서 늘 일어나는 일이지만 가맹하기로 거의 99% 마음을 굳혔던 가맹 희망자들도 본사를 비판하고, 부정적으로 표현하는 가맹점주를 만나고 나면 십중팔구가 가맹을 포기하기 때문이다.

그것은 프랜차이즈 속성상 잘됐을 때의 성공보다 안됐을 때의 실패에 대한 두려움과 불안이 가맹 희망자들에게 더 큰 비중을 차지하고 있기 때문이다 대다수 프랜차이즈 가맹 희망자들의 특성은 안정지향적인 성향이 매우 높게 나타나고 있다.

그러므로 본사는 구전을 통한 프랜차이즈 전개에 가맹영업의 승부를 걸어야 한다. 구전을 통한 확산을 가볍게 가져가면 프랜차이즈 사업은 결국 성공하기 어렵다.

구전 영업의 활성화를 위해 사업 초기에는 인센티브제를 실시하는 것이 효과적일 때가 있다. 신규 희망자 소개를 통해 계약이 성사될 경우 수 백 만원 수준 혹은 그 이상을 지급한다든지 아니면 그 정도 금액의 물량을 공급하든지 해야 하며, 단지 소개해 줘서 고맙다는 식의 인사 치례로만 끝내지 말아야 한다. 소개를 주선한 사람이 가맹점주이건, 직원이건 아니면 주위 사람이건 무엇인가 구체적인 혜택 혹은 인센티브가 주어져야 구전 영업이 좀 더 장기적으로 활성화 된다.

다음은 매장을 이용하는 고객을 통해 신규 가맹이 이루어지는 경우인데 이 수효도 무시할 수 없다. 그러므로 매장 내에 가맹개설 내역 안내서를 비치해 놓고 홍보전략을 확대해 나가는 것이 필요하다.

2) 홍보를 통한 가맹영업

홍보는 비용을 들이지 않고 회사를 소개하거나 브랜드를 알리는 방법인데 조선, 동아, 중앙의 3대 일간지와 같은 유력한 신문의 홍보기사는 기사 크기에 따라 다르긴 해도 5단통 광고이상의 영업 효과를 낼 때가 많다.

그리고 당장 가맹점주 개설로 이어지는 가맹 계약 성사율은 좀 약할지라도 브랜드의 신뢰도를 구축해 나가는데 매우 중요한 역할을 하므로 각 신문사나 잡지사의 담당 창업 기자들을 리스트를 통해 접촉해 두고 관계를 맺어둘 수 있다면 효과적이다.

그렇지만 이때 실제 사실보다 미화해서 알리거나 과장해서 홍보하려고 할 경우 당장 홍보기사 자체는 좋게 나가지만, 결국은 그 내용이 확인되어 거짓에 대한 대가를 더 크게 치루는 경우가 있으므로 사실에 근거해서 홍보하려는 기본 마인드를 잃지 않는 것이 궁극적으로 더 높은 홍보 효과를 올린다.

2000년대 들어서는 프랜차이즈 창업코리아나, 이경희 창업전략 연구소와 같은 홍보대행 전문회사들이 많이 생겨나 그 기능을 전문적으로 해주고 있어 믿을 만한 전문회사를 이용하는 것도 바람직하다.

3) 광고를 통한 가맹영업

대부분의 프랜차이즈를 시작하는 사람들이 광고를 통해 프랜차이즈를 전개하는 것으로 알고 있다. 프랜차이즈 전개의 주 통로를 광고로 인식하는 경우가 많은데 이는 잘못된 인식이다. 앞에서 기술한 바와 같이 프랜차이즈 전개의 주 통로는 구전이며 광고는 보조수단에 불과하다.

프랜차이즈 전개에 있어 광고를 주 통로로 하는 회사는 결국 실제 기존 가맹점주들의 소개로는 신규가맹계약이 이루어지지 않는다는 것을 의미하므로 그 회사의 브랜드는 우수한 경쟁력을 가지고 있다고 할 수 없다. 우수하지 않는 경쟁력의 브랜드는 결코 장수할 수 없다.

대대적 광고를 통해 프랜차이즈 가맹점을 모집하고 구전과 소개로는 신규가맹이 거의 이루어지지 않는 프랜차이즈 본사들은 2년 또는 길어야 3~4년을 넘기지 못하고 망하거나 사세가 급격히 기울게 된다. 그런 회사는 계속 버틴다 해도 다른 사업이나 다른 브랜드를 통해서 꾸려나가는 것이지 그 해당 브랜드를 통한 사업은 브랜드가 정리되는 분위기를 면하기 어렵다.

하지만 본사는 자사 브랜드의 예비 가맹 고객의 반응을 알고 싶고, 신규 매장개설을 위해 브랜드를 알릴 필요가 있어, 사업설명회 등을 개최하고자 광고를 실시해야 할 때가 있다. 보통은 신문 광고를 많이 이용하는데 이 신문광고에 대한 독자 신뢰도는 매우 낮다. 전화 문의율도 예전보다 낮아지는 추세이고 계약 성사율도 높지 않다.

굳이 광고를 해야 한다고 해도 월 경상비 10% 내외를 넘지 않는 선에서 실시해야 한다. 1,500만원을 주고 5단통 광고를 내서 2건의 신규 가맹계약이 이루어져, 건당 2,500만원의 개설 이익으로 총 5,000만원의 이익이 났다고 가정할 때 광고비 1,500만원을 제외하고 3,500만원의 이익이 나는 것으로 수치상의 계산이 성립

된다. 그러나 실제 광고가 나갔는데 한건의 계약도 성사되지 않을 수도 있고 영업 사원들의 영업 비용, 광고 게재를 위한 본사 담당 직원의 준비등 기타 모든 기회 비용까지 감안하면 정상적인 프랜차이즈 조직에서 광고는 실제 큰 이익을 기대하기 힘들다.

일시적인 현금 유동성의 확보, 침체된 가맹영업의 기폭제, 신규 브랜드의 런칭 등의 이유로 광고를 실시할 수 있지만 장기적으로나 실제적으로 큰 실익은 없다.

단 8도 가맹지사 시스템과 오더맨 시스템으로 운영되는 프랜차이즈 회사들의 경우는 한 번 광고로 수십건의 계약을 이끌어내어 광고를 통해 막대한 개설이익을 올리고 있지만, 이는 파행적인 영업과 부실한 시스템으로 흐르게 되고, 실제로도 한국 프랜차이즈의 발전을 저해하는 요소로 자리잡고 있어 결코 바람직하지 못한다.

4) 전업 유도를 통한 가맹영업

예전의 이랜드가 의류 브랜드로 성장해 갈 때에 많이 사용했던 방법이다. 자사의 사업내용과 유사하거나 동일한 아이템을 운영하는 기존의 매장으로 직접 방문한다. 이때 2가지를 집중적으로 체크해야 한다. 첫째는 그 매장의 입지가 매우 우수해야 하고 둘째는 그럼에도 매출이 상당히 부진한 매장을 택해서 접근하는 방식이다.

이 때의 단점은 기존 점포운영자가 가맹비나 기타 비용의 지출을 거부 내지 D/C를 강력히 요구하거나, 인테리어의 전면 보수에 동의하지 않고 가급적 비용을 최소화해서 브랜드를 바꾸려하기 때문에 매장의 인테리어 매뉴얼이 변형 또는 기존 수준에 못 미치는 경우가 많이 발생한다는 점이다. 또 한 가지 장점이자 단점은, 기존의 매장운영의 경험이 많아 장사에 익숙한 반면 효율적이지 못한 영업 방식일지라도 아집이 강해서 본사의 교육에 쉽게 적응하지 못하는 단점이다.

전업유도를 통한 가맹영업의 가장 큰 장점은 좋은 상권에서 본사의 브랜드에 맞는 A급 입지의 우수한 매장이 확보된다는 점이다. 이는 결국 브랜드별로 전국적으로 개설될 수 있는 매장의 수가 정해져 있는 최대 입점수의 한계에 비추어 볼 때, 매우 우수한 입지의 매장확보는 브랜드의 장수에 크게 기여할 수 있다는 점이다.

5) 창업 강좌를 통한 가맹영업

90년대와 2000년대 중반까지 한때 폭발적인 증가 속에 있었던 창업 강좌를 통해서 브랜드를 알리는 방법이다. 지금은 창업 강좌에 대한 수요가 많이 줄고 있어 효과적인 가맹영업에서는 많이 벗어나고 있는 추세이다.

6) 컨설팅 회사를 통한 가맹영업

이 방법은 이미 미국에서는 보편화되어 있는 방법이다. 보험업계의 경우를 보면 최근 보험 중개인 회사 제도를 도입하였는데 이는 소비자에게 매우 유용한 제도이다. 자동차 보험을 가입할 경우 삼성화재를 찾아가면 삼성화재의 장점 외에는 단점을 듣기 어렵고 LG화재를 찾아갈 경우도 크게 다르지 않다.

그러나 보험 중개인 회사를 찾아가면 삼성화재 가입시 장단점과 LG화재 가입시 장단점을 모두 들을 수 있다. 초보 운전자에게 유리한 회사를 소개 받을 수도 있고 사고 경력이 많은 운전자에게 유리한 회사를 소개 받을 수도 있고, 사고 경력이 많은 운전자에게 유리한 보험회사의 상품을 소개받을 수도 있다.

이런 보험중개인 회사처럼 프랜차이즈 컨설팅 회사도 다양한 프랜차이즈 본사의 아이템을 보유하고, 찾아오는 신규 가맹희망자의 나이, 적성, 사업비용 등을 고려해서 가이드 해줄 수 있다. 이 때 가장 큰 문제점은 역시 가맹영업을 대행해 주는 컨설팅회사의 공신력이다. 아직 우리나라에서는 프랜차이즈 분야의 공신력을 확보한 컨설팅사를 찾기 어렵고 업종 소개 수준에서 머물고 있다.

프랜차이즈 본사는 이런 컨설팅 회사들과 연계해서 신규 가맹영업 계약이 이루어질 경우, 체인커넥션 수수료를 컨설팅사에 제공하기로 계약한 후 그들로부터 신규 가맹영업희망자를 소개 받을 수 있다.

7) DM 영업

가맹이 예상되는 집단의 자료를 확보해서 DM을 발송하는 방식인데 이 경우의 효과는 매우 미진하다. DM이 폭증하고 있고 브랜드 자체가 생소한 경우 DM을 받게 되는 예비 가맹점주들은 불신의 눈으로 보기 때문에 2차 연결이 매우 어렵다.

특히 가맹영업은 다른 상품의 영업과 같이 영업단위가 수십 만원, 수백 만원 수준이 아니라 최소 수천 만원대에서 수 억 원대의 투자를 요한다는 점과 예비 가맹점주들 재산을 기준으로 볼 때 거의 전재산에 해당하는 큰 자본 투자인 경우가 많아 알지 못하는 회사로부터 DM을 통한 가맹사업 안내는 매우 냉소적으로 대하게 되어 있어 좋은 방법이 못 된다.

그러나 90년대 신라호텔의 비즈니스 호텔 체인사업인 지오빌, 지오랏지의 경우 기존의 관광호텔 사업자나 지배인 등 투자 가능한 사업자들에게 DM 발송을 통해 사업설명회로 불러들여 수 십 건의 계약 희망자를 접수받은 사례가 있다. 역시 DM 발송은 그 발송자에 대한 신뢰성이 무엇보다도 중요함을 보여주는 예라고 하겠다. 그러나 프랜차이즈 회사의 대부분은 사업초기에 신뢰성을 확보하기가 매우 어렵기 때문에 DM을 통한 가맹영업은 거의 실패로 돌아간다.

3. 프랜차이즈 상권분석과 점포개발 실무

프랜차이즈 브랜드가 장수하느냐 안하느냐의 핵심은 첫째 브랜드의 우수성이요 둘째는 역시 점포의 입지이다. 그 중에서도 입지는 상권과 목으로 나누어 볼 수 있는데, 상권분석은 그 입지(상권과 목)를 분석하는 일이다.

이랜드가 대기업으로 발돋움 할 수 있었던 초석이 된 업무도 상권분석이다. 20여년간 모든 매장의 입지분석과 결정은 그룹 시장조사팀에서 일관성있게 주도해 왔고, 베스킨라빈스가 수년 전 레드망고 열풍에 다른 브랜드가 무너져 갈 때, 굳건히 브랜드를 유지해 낼 수 있었던 것도 각 매장마다 입지선정을 정확하게 그리고 탁월하게 수행했기 때문이다.

상권분석 업무는 많은 전문성을 필요로 하는 업무이다. 그 업무내용을 다 펼쳐 보이기에는 책 한권이 별도로 필요한 수준이라 하겠다. 여기서는 그 업무수행에 있어 몇가지 기준을 제시하고자 한다.

1) 대학상권의 점포개발 기법

대학상권의 부상은 지금도 계속되고 있다. 일반상권들이 약화되거나 유지하는 수준인데 반해 대학상권은 계속 강화되고 있는 추세이다. 서울의 경희대상권, 인천의 인하대상권, 충청도의 충남대상권, 부산의 경성대상권등 각 지역의 대학상권은 그 규모와 밀집도가 높아지고 있으며 해당 대학생만을 고객층으로 하던 수준에서 해당 대학생이 아닌 그 지역의 일반인들까지도 대학상권을 선호하고 이용 빈도도 점차 높아지고 있다. 가장 때표적 사례는 홍대상권이라 할 수 있다.

이러한 추세를 감안하면 대학가로 진출 가능한 업종의 경우는 대학상권을 다른 상권보다 최우선하여 택하는 것이 매우 유리하다. 특히 일반상권보다 대학상권이 고객 밀집도가 높은 점이나 권리금 비용이 상대적으로 저렴한 면을 고려해 볼 때 더욱 장점이 많은 상권이다. 그리고 오픈 후 영업 성공여부의 판단기간이 일반상권에 비해 짧은 특성도 가지고 있다.

일반상권의 경우 그 기간의 5~6개월인데 비해 대학상권은 학기중 오픈할 경우, 2개월 내에 그 성공여부를 결정 지을 수 있다는 면에서 적극 권장할 만한 우선 순위의 상권이다. 특히 아래와 같은 특성의 아이템일 경우는 점포개발 비용이 적게는 일천 만원에서 많게는 수천 만원을 절감할 수 있다는 점에서 주목해 볼 필요가 있다.

물론 이러한 특성들 외에 전제조건은 오픈하려고 하는 아이템의 경쟁력이 갖추어져 있어야 한다는 것이다. 아이템 경쟁력이 없다면 어차피 매장 영업에 실패할 수 밖에 없다. 그렇다고 아이템 경쟁력이 있다고 해서 점포 영업에 다 성공할 수는 없으며, 이때 점주운영능력을 빼고는 점포입지가 절대 변수가 된다.

그렇다면 대학가에서의 상식밖의 점포개발기법을 소개해 보겠다.

모든 아이템에 다 해당되는 것은 아니며 다음과 같은 조건을 갖추어야 한다. 대학가와 같은 '고인 상권'의 경우 다음과 같은 아이템은 좋은 목을 확보한 매장을 얻을 필요가 거의 없다.

첫째, 매장 체류시간이 긴 아이템과
둘째, 고정고객이 주 고객층인 아이템이다

이 두가지에 해당하는 아이템은 미용실, 음식점, 주점, PC방 등이 여기에 해당하는데 이런 매장을 얻을 때는 대학가 내에서 목은 중요하지 않다.

예) 〈경희대-대학상권〉

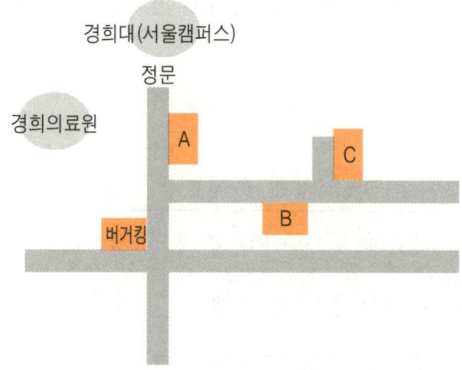

위와 같은 입지상황에서 실제로 약 40평 정도의 주점을 하기 위해 점포를 얻는다고 할 때 주점은 매장체류시간이 매우 길기 때문에 굳이 1층 매장을 얻을 필요도 없다. 지하 매장이나 2층 매장을 얻는 것이 비용을 절감할 수 있어 좋다. 아이템 경쟁력이 같다고 볼때 1층이나 2층 매장이나 매출은 별로 차이가 나지 않기 때문이다.

그림에서와 같이 A점포의 권리금은 대략 1억대, 혹은 그 이상이 될 것이다. B점포는 대략 5천에서 6천만원 정도의 권리금이 필요하고 C점포는 대략 3천에서 4천만원 정도의 권리금이 있어야 매장을 얻을 수 있다.

그렇다면 동일한 아이템을 동일한 평수로 오픈한다고 해도 권리금 비용만 수천 만원 이상의 비용이 절약이 된다. 이 경우 상기와 같은 두가지 조건(매장체류시간, 고정고객)을 갖춘 아이템이 우수한 경쟁력은 갖추었다면 A, B, C 중 어느 점포에 입점해도 영업이 정상궤도에 오르면 매출액이 거의 비슷한 수준에서 이루어진다. 그 이유는 다음과 같다.

대학은 '고인 상권'이라는 말로 쉽게 이해할 수 있다. 경희대 학생 10,000명이라고 가정한다면 그 10,000명이 모두 학교라는 울타리안에 고여 있는 것이다. 물론 잠은 각자의 집으로 돌아가 자겠지만 다음날이 되면 그 만명의 학생은 경희대 캠퍼스 내에서 활동에 들어가는 것이다.

또 경희대는 전체 학생수가 만명이라고 할 때 전체 학과의 수가 약 33개 정도라고 한다면 한 학과의 학생 평균 수는 약 300여명수준이라고 할 수 있다. 한 학과가 대략 300여명 수준이라고 계산해 볼 때, 1학년에서 4학년까지 각 60명씩 그리고 대학원 1학년 30명, 2학년이 30명 정도로 분류해 볼 수 있다.

40평 규모의 C 점포에서 '서울 주점'을 오픈했다고 했을 때

약 2평당 1개의 테이블로 계산해 20개의 테이블로 영업을 할 경우 한 테이블당 3명 정도의 고객이 술을 마신다고 하면, 매장이 꽉차면 대략 60명 정도 경희대 학생이 주 고객층이 되어 그 서울주점을 이용하게 된다.

그 서울주점이 오픈한 첫날 전단지도 돌리고 즉석 복권도 돌리면서 그 매장을 꽉 메우는 것은 어려운 일이 아니다. 서울주점이 경쟁력을 갖추고 있어 메뉴도 다양하고 맛도 괜찮고 가격대도 주변과 비슷하고 인테리어도 깨끗하고 매장서비스도 좋다면 그날, 서울 주점을 이용한 최소 60여명의 경희대생은 그 서울주점의 홍보맨이 되게 되어 있다.

대학생들은 직장인과는 달리 정보 교환 욕구가 강하고 시간적으로도 직장인 보다 여유가 있어 학교 앞 주변 정보의 교환속도가 매우 빠르다. 그 날 서울주점을 이용한 60명의 학생은 삼삼오오 모여들었기 때문에 학과가 서로 다른 학생들이다. 술을 마신 당일날은 곧장 집으로 가겠지만 그 다음날 학교에 등교한 60여명의 학생들 대다수는 자기의 동기생이나 선후배들에게 새로 오픈한 서울주점은 괜찮다는 것과 이용해 볼 것을 권하게 되어 있다.

본인도 경쟁력을 갖춘 서울주점을 또 이용할뿐더러 주변 친구들도 믿을 만한 친구의 정보를 토대로 그 서울주점을 가보게 되고 이와 같은 현상이 경희대학 안에서 각 학과별로 서서히 반복적으로 일어나게 된다. 이런 흐름으로 학기 중에 오픈을 할 경우는 2개월 내에 경희대 내에 그 매장이 알려져서 고정고객을 확보하기 시작하는 것이다.

그러므로 대학교에서의 점포입지는 이와 같이 A점포와 같이 비싼 권리금의 A급 목이 아니더라도, 첫째 매장체류시간이 길고 둘째 고정고객을 주 고객층으로 하는 아이템이라면 점포비용이 매우 저렴해 투자비용을 줄여서 리스크를 최소화 할 수 있는 C점포의 입지를 선택해도 매장영업에 성공할 수 있으며 이는 지금도 현재의 상권과 현장에서 입증되고 있는 사실이다. 여기서 경희대의 C점포는 천하일품 브랜드의 우수매장의 실제 사례이다.

2) 일반상권 점포개발기법

그렇다면 일반상권에도 대학가의 점포개발기법 즉 매장체류시간이 길고 고정고객을 주 타겟으로 하는 경쟁력있는 아이템의 경우 동일한 방식의 점포개발기법이 적용될 수 있는가?

〈신촌-일반 대형 상권〉

앞장 경희대의 경우와 같은 '서울주점'을 신촌이라는 일반상권에 입점시킬 경우 A점포의 경우 2개월 내외, B점포는 3~4개월 내외, C점포는 6개월 내외 정도면 매장영업이 활성화 될 수

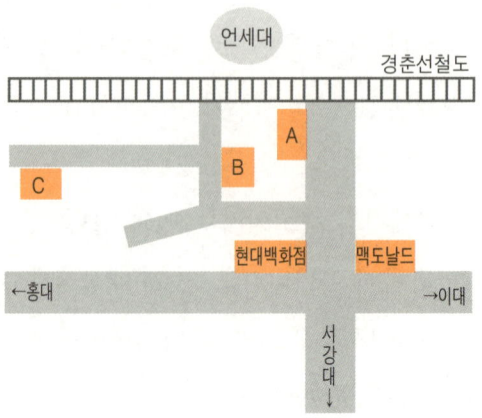

있다. 실제로 C점포의 목에 위치한 일본식 요리 주점 천하일품의 경우 6개월정도의 판촉 끝에 매장영업이 궤도에 오른 실례는 있지만 프랜차이즈에서는 권장하기 어렵다.

왜냐하면 프랜차이즈 가맹점 창업희망자는 대부분 점포사업의 경험이 전무한 초보자이다. 이런 매장을 오픈하고 3~4개월이 지나도 영업이 궤도에 오르지 못하고 적자가 지속되면, 오픈 때 강한 의욕을 보이던 가맹점주도 열에 아홉은 의욕을 잃고 만다. 그로 인한 여파는 종업원관리가 약해서 질 좋은 서비스 수준이 떨어지고, 외식업의 경우는 계속된 적자로 신선한 식자재사용이 어려워져서 메뉴의 질도 떨어진다.

고객 스스로가 빈자리가 많은 매장을 이용할 때 느끼는 반감요인이 생겨서 경쟁력이 있는 아이템이라도(6개월만 계속 버티며 판촉을 해나가면 영업이 궤도에 오를 수 있는 아이템이라도), 2~3개월 뒤부터는 계속되는 적자로 매장운영이 부실해져서 가맹점주 스스로 무너지는 사례가 생겨난다. 때문에 프랜차이즈 가맹점에 있어 C점포의 입점은 가급적 피하는 것이 좋다. 대학상권이 아닌 일반상권에서의 점포개발은 C점포도 성공할 수 있지만, B점포 입지수준의 점포개발이 가장 바람직한 점포개발이라 하겠다.

3) 목이 중요하지 않은 점포사업

점포사업에 있어서는 목이 좋아야 한다는 말을 많이 한다. 하지만 이것은 맞는 말이 아니다. 목이 좋지 않아도 영업이 잘되는 업종과 상권이 엄연히 존재하기 때문이다.

목에 따라 점포영업의 사활이 걸리는 업종이 있고 목이 좋지 않아도 점포영업에 지장을 주지 않는 업종이 있다. 이를 대별해서 구분해 보면 다음과 같다.

목이 좋지 않아도 되는 업종의 특성은 다음과 같다.
첫째, 매장 체류시간이 긴 매장이다. 주점을 대표적으로 들 수 있다.

둘째, 고정고객의 비중이 유동고객보다 압도적으로 높은 매장이다.

미용실이 여기에 속한다 우리는 보통 머리를 깍던데로 주로 깍지 지나가다 미용실이 있다고 아무데나 들어가 깍지는 않는다.

셋째, 상품이나 용역의 객 단가가 높은 매장이다. 객단가가 수만원대 이상인 할인마트를 들 수 있다.

넷째, 주차시설을 갖출 수 있는 매장이다. 훼밀리 레스토랑이 여기에 속한다.

다섯째, 배달이 가능한 아이템이다. 피자 배달집이나 치킨집이 그 예로, 매출의 70~80% 이상이 배달로 이루어지므로 좋은 목이 별 필요가 없는 매장이다.

이런 특성의 매장들은 목이 좋지 않아도 아이템만 경쟁력이 있다면 매장 매출이 큰 영향을 미치지 않는다.
같은 비용일 경우라면 물론 목이 좋으면 고객의 입점이 용이해지고 간판 그 자체가 홍보효과를 낼 수 있어 좋지만, 그것이 매장영업 성공의 주 요인이 결코 될 수 없다는 것과 목에 따라 권리금 비용의 격차가 매우 크므로 초기 사업비용을 대폭 줄일 수 있다는 점에서 점포개발시 이러한 점포입지 선정을 적용하는 것이 효율적이다.

그렇다면 목이 좋아야 하는 업종은 무엇인가?

첫째, 고객의 매장체류 시간이 짧은 매장이다. 대표적으로 화장품 할인 매장과 같이 길어야 5~10분 정도의 체류 수준인 매장이다.

둘째, 고정고객의 비중보다 유동고객의 비중이 압도적으로 높은 매장이다. 왔던 사람이 또 찾아오는 매장이 아니라 눈에 띄는 대로 들리는 매장으로 편의점을 들 수 있다.

셋째, 상품이나 용역의 객 단가가 높지 않은 매장이다.

통상 10,000 원이내의 구매액으로 볼 수 있다. 악세사리 매장과 같은 경우이다.

넷째, 주차시설을 갖출 수 없는 매장이다.
이러한 특성의 매장은 아이템의 특성에 따라 상권이 결정되고 나면 목이 좋아야만 매장영업에 성공 할 수 있는 업종들이다.

이런 류의 아이템들이 목이 안 좋거나 빠지는 위치에 매장이 들어설 경우, 열심히 판촉을 하고 서비스를 해도 매출이 제자리걸음에서 크게 나아지지 않는다.

이런 류의 아이템은 고객이 매장을 기억했다가 또 이용할 필요성을 못 느낀다. 구매액이 작아 경제적 비중이 매우 낮고 제품의 질이나 양이 별 차이가 없어 어느 쪽을 선택해도 손해나 이익을 볼일이 없기에 눈에 띄는 곳이나 가까운 곳에 위치해서 고객의 순간적 구매욕구를 채워주는데 용이한 위치에 있어야 하며, 고객이 구매의욕을 느낄 때 바로 옆에 있어야 한다. 그러므로 이런 아이템의 점포사업은 목이 좋아야만 성공할 수 있다.

4. 매장 인테리어와 오픈 실무

1) 프랜차이즈 인테리어의 핵심

일반적으로 프랜차이즈 매장 인테리어는 다른 프랜차이즈 매장과 차별화해야 한다고 생각을 갖고 있다. 차별화가 보통은 상향 차별화가 되어 매장 인테리어가 고급화되므로 인테리어 비용이 올라가는 경향을 보일 때가 많다. 매장 인테리어 비용은 프랜차이즈가 소형이냐 중형이냐에 따라 달라진다. 소형 프랜차이즈 가맹 희망자들의 총 투자비는 대부분 5천만원에서 1억원 사이이다.

소형 프랜차이즈가 차별화되기 위해서 이것저것 비싼 자재로 쓰다보면 매장 인테리어는 고급화되지만 막상 가맹 희망자들은 투자비용이 맞지 않아 외면하는 경우가 있다. 그러므로 소형 프랜차이즈는 고급화 되어선 안 된다.

반면 중형 프랜차이즈는 보통 2억에서 3억을 투자할 수 있는 가맹 희망자들을 상대하므로 인테리어 부문에 비용지출에서 오백만원, 천만원의 지출증가가 가맹 계약체결의 주 요인은 되지 않는다. 그러므로 확실히 차별화될 수만 있다면 가맹영업에 과부하가 걸리지 않는 수준에서 고급화를 지향해 볼 수 있다.

프랜차이즈 매장의 공통점은 모든 매장의 인테리어 컨셉이 같다는데 있다. 그런데 이 부분을 오해하는 경우가 생긴다. 1호점 때 사용했던 매장의 디자인과 재질을 바꾸지 않고 똑같이 계속 가야하는 것으로 고집하는 경우가 있는데 이는 바람직하지 못하다. 인테리어 컨셉과 브랜드 로고나 메인 칼라는 그대로 유지하고 그 외의 것은 얼마든지 개선된 형태로 또는 최근 유행하거나 수용 가능한 형태로 바꾸는 것이 바람직하다.

특히 사용되는 인테리어 재질은 최근 유행하는 것으로 바꾸어 주면서 나가야 수 년 뒤에도 유행에 뒤진 매장이 안될 수 있다. 보통 인테리어는 2~3년에 한번씩 개보수를 해주어야 하고 실제 인테리어의 유행하는 재질이나 패턴이 2~3년 이상 지속하지도 못한다.

예전에 일명 '콩빠데' 라고 하는 벽 마감재가 유행하여 콩빠데로 인테리어를 한매장이 그 당시에는 세련되어 보였으나, 콩빠데를 너도나도 쓰기 시작하자 고객들이 쉽게 식상해 하여 지금은 촌스런 마감재로 전락했다.

또 100여개의 매장을 3년간 동일한 마감재와 동일한 인테리어 기법으로 계속 오픈했을 때 3년 정도면 유행이 많이 바뀌어 버리므로 100개의 매장 전체가 유행에 뒤진 감각 없고 촌스런 매장으로 전락해 버릴 수 있다. 그러므로 적어도 1년 정도의 단위로 점진적으로 새롭게 매장을 개선해 나가는 방식이 바람직하다.

피자헛의 리뉴얼된 최근 매장과 옛날 매장을 동시에 비교할 때 어느쪽이 더 호감이 가는가? 대다수가 리뉴얼 된 매장을 더 선호하는 것은 우리나라 인테리어 발전과 유행속도가 대단히 빠르기 때문이다.

2) 인테리어를 본사 직영으로 할 때의 문제점

인테리어를 통한 마진의 폭은 차츰 줄어들고 있지만, 그래도 높은편이다. 인테리어 공사 선택에 따라 다소 차이는 있지만 보통 30% 내외의 마진이 남는다고 보아도 무리는 아니다.

그러다 보니 본사가 인테리어를 직접해서 개설 이익을 최대한 남기려는 생각을 갖게 된다. 특히 사업초기에는 수익성이 확보 안되고 재무구조가 취약할 때라 인테리어를 직접하려는 시도를 많이 한다.

인테리어 전문가를 고용해서 목공이나 인부를 사고 재료를 직접 구입해서 매장 인테리어 공사의 마진을 높이게 한다.

그러나 프랜차이즈 사업 초기 이것은 바람직하지 못하다. 사업 초기에는 프랜차이즈 시스템을 갖추기 위해서 조사하고 분석하고 결정해야 할 일이 매우 많은데 본사가 인테리어에 손을 댈 경우 공사가 진행되면 신경써야 할 곳이 많아 업무 집중도가 떨어진다.

인테리어 현장의 공사는 급한 일이 많이 발생한다. 목공, 전기, 철골, 도색, 타일공사 등의 일정이 맞물려 있어 공사가 일단 개시되면 현장은 상황이 긴박하게 돌아간다. 아직 인력확보나 업무 분담이나 재정적 안정이 안되어 있는 프랜차이즈 사업 초기에 이러한 인테리어 공사에서 문제가 발생하기 시작하면 그 지원과 처리를 위해 중요한 일들이 후순위로 밀리게 되며 중요한 결정들이 충분히 검토되지 못한 채 진행되는 혼란스러운 상황이 발생된다.

이런식의 매장전개 흐름이 장기화되면 인테리어 마진확보를 통한 득보다는 정작 프랜차이즈 사업이 견고화되고 전략화되지 못하는 실을 가져오게 된다.

특히 현금 유동성이 급격히 떨어질 경우가 발생하면 인테리어 공사와 관련된 목공, 전기공, 타일공, 철물공, 간판업자 등의 결재 재촉을 직접 동시에 받아 본사 업무 진행의 심각한 차질을 빚는 일이 생긴다. 또 목공이나 타일공 같은 인부들은 그날 그날 버는 경비로 생활하는 경우가 많다. 상황에 따라 미루거나 연기하기가 어렵다.

그러나 외주 인테리어 회사는 규모가 작아도 사업체이기 때문에 한 두 개 공사의 대금은 상황에 맞춰 조정이 가능하고, 2~3개의 인테리어 업자를 잘 조절하여 매장공사를 맡길 경우 인테리어 업자를 통해서 현금의 흐름을 어느 정도는 조절할 수 있는 기능이 생긴다.

뿐만 아니라 정말 결재가 긴박한 상황에서도 인테리어 회사 대표만 상대하면 되기 때문에 회사의 사정과 상황을 이해시키기도 쉽고 오랜 파트너십을 발휘할 수 있어 인테리어업자들도 본사에 대해 많은 양보와 호의를 베풀기 때문에 프랜차이즈 사업 초기에는 인테리어 공사를 아웃소싱으로 가져가야 한다.

3) 인테리어를 외주 줄 때의 문제점

인테리어를 아웃소싱으로 줄 때 인테리어 공사 계약을 가맹점주와 인테리어 회사 쌍방이 직접하게 하므로써 프랜차이즈 본사는 계약의 주체에서 빠진다.

정상적으로 세금계산서를 끊는다면 문제될 것은 없다.

프랜차이즈 업계에서 상당수가 백마진(Back Margin)이란 이름으로 평당 20~50만원 내외의 마진이 인테리어 업자의 마진에서 쪼개져 프랜차이즈 본사에 전달된다.

아웃소싱으로 한 인테리어의 공사가 뒷 마무리가 잘 안되는 경우는 가맹점주의 컴플레인이 제기되어 구전과 소개를 통한 가맹영업에 차질을 주게 된다.

또 감독을 소홀히 할 경우 동일한 칼라, 동일한 재질이라 해도 단가가 싼 정품이 아닌 비품이나 메이커 제품이 아닌 것을 사용하는 사례가 발생한다.

이런 것들보다 더 큰 문제점은 인테리어 업자와 본사 담당자들 사이의 보이지 않는 금전 결탁으로 이어져 효율적인 프랜차이즈 시스템 전개에 차질을 빚는 경우가 있어 오너나 경영진들은 이에 대한 관리 감독에 만전을 기해야 회사업무가 왜곡되지 않는다.

5. 프랜차이즈 가맹 매장관리 실무
- 매장관리가 가맹영업보다 더 중요한 이유

프랜차이즈는 최초 한 개의 매장이 생겨나서 계속적인 매장 확장을 통해 동일한 브랜드와 동일한 노하우를 갖춘 매장을 수 백개가 동시 운영되는 것을 기본 목표로 하여 프랜차이즈 본부가 만들어진다.

매장이 늘어나는 것을 제1의 목표로 하는 사업이기에 프랜차이즈에 있어 가맹영업은 매우 중요하다. 실제 경영에서 가맹영업이 부진해지면 프랜차이즈 회사 전체가 많은 어려움에 봉착하게 된다. 가맹개설이익이 줄어들어 재정적 어려움이 가중되고 매장이 늘지 않아 브랜드 전체 매출이 부진해지고 매장 유통수입이 제자리에 묶이게 된다.

물류 시스템은 매장수가 많아질수록 탄력을 받고 수익성과 채산성이 좋아지는 사업구조이므로 이 역시 매장수에 따라 탄력을 받게 되어 있다. 이처럼 프랜차이즈에 있어 가맹영업은 이 사업의 핵심 기능이라 할 수 있다.

그러므로 본부는 이 핵심기능에 최대한의 유능한 인력을 배치하여야 한다. 그렇다면 프랜차이즈 본사가 가맹영업을 일순위로 올려 놓으면 프랜차이즈 시스템 전개에 성공하여 사업을 정공궤도에 올려 놓을 수 있을까? 그렇지 않다. 프랜차이즈 본사가 영업 우선으로 움직이게 될 경우 프랜차이즈 사업은 성공을 거두기 어렵다. 업무의 우선순위는 영업의 우선 보강이 아니라 매장관리에서 시작되어야 한다.

앞에서 서술한 바와 같이 프랜차이즈는 가맹영업 사원의 뛰어난 활약으로 승패를 이루어나가는 사업이 아니다. 보험이나 자동차 영업과 같이 뛰어난 영업 사원에 의해 주도되는 사업이 아니다. 프랜차이즈 사업에서는 신규 가맹하는 가맹자들이 대부분 안정 지향적인 성향이 매우 강하고, 자기 전 재산이나 반 정도의 재산 아니면 빚을 내서 가맹하는 사람들이지 재산이 10억 인데 이중 1억을 내서 가맹하는 경우는 찾아 보기 어렵다. 대부분 이들은 프랜차이즈 사업에 인생을 걸고 시작한다는 것이다.

실제 점포 사업은 실패한다 해도 회생의 가능성이 크고 다른 종류의 사업에 비해 안정적인 면이 많은 사업이지만, 프랜차이즈 가맹을 희망하는 대다수의 사람들은 사업 경험이 없기 때문에 사업 자체에 대단한 두려움을 갖고 접근한다. 일정부분은 영업사원의 영업력이 필요하겠지만, 가전제품이나 보험과 같이 영업사원에 의해 좌우되는 정도가 매우미약하다. 그들의 가맹계약체결 여부에 대한 결정은 기존 매장을 방문할 때 이루어지는데 그들은 보통 2가지에 주목을 한다.

첫째, 방문한 매장의 운영이 잘되는 상황을 눈으로 확인받고 싶어 하며 확인되지 않으면 가맹계약은 거의 이루어지지 않는다.

둘째, 잘되는 매장운영 상황을 직접 확인한 후에 꼭 그 매장의 운영자인 가맹점주의 의견을 듣는데 이때 기존 가맹점주가 호의적이거나 적극적인 권유를 안하면 신규 가맹희망자의 가맹의사는 급격히 식어 버린다.

또 5명의 기존 가맹점주를 만나서 호의적인 권유를 들은 경우도 1명의 불만을 품은 기존 가맹점주의 부정적 평가를 듣게 되면 5명의 호의적인 평가가 별 의미가 없어지고 만다. 5명의 성공에 대한 기대보다 1명의 실패에 대한 우려가 더 결정적으로 작용하는 것이다.

프랜차이즈 가맹영업에는 이러한 특성이 있기 때문에 프랜차이즈 매장 확장을 위해 더 우선되어야 하는 업무는 가맹영업이 아니라 매장관리이다. 매장관리를 통해 기존 가맹점주들을 만족시켜나가지 못한다면 프랜차이즈 가맹 영업만을 통한 매장 확산은 불가능하다.

6. 물류 실무
- 아웃소싱 줄 것인가 말 것인가

프랜차이즈는 유통사업이기 때문에 물류 시스템은 프랜차이즈 시스템의 근간을 이루게 된다. 이처럼 중요한 물류이기에 프랜차이즈 사업 초기부터 물류 시스템의 구축과 구축방향이 최대의 관심사로 등장하게 되어 있다.

아웃소싱은 최근 효율적 경영기법으로 각광받으며 빠른 속도로 각 영역에 확산되고 있는 추세이다. 그렇다면 프랜차이즈에 있어 물류 시스템은 근간을 이루는 사업이므로 본사가 직접 가져가야 하는가, 아니면 탄력적이고 효율적인 프랜차이즈 조직을 지향하며 아웃소싱을 주어야 할 것인가?

맥도날드는 직접 제조하는 일이 없이 모두 아웃소싱으로 해결하고 있고, 놀부는 아직까지는 제조와 물류 시스템을 직접 운영하고 있다. 우리나라 상황에서 어느 쪽을 따라야 할 것인가?
물류는 사업초기에 프랜차이즈 본사가 직접 시작해야 한다. 여기서의 물류는 단독배송을 의미하지는 않는다. 그렇지 않을 경우 프랜차이즈 사업에서 실패할 수 있다. 그 이유들을 하나씩 설명해 보도록 하자.

1) 로열티 사업이 아직도 우리나라에서는 쉽지 않다.

프랜차이즈는 한마디로 압축하자면 로열티 사업이다. 브랜드 파워가 생겨난 상호를 빌려주어 고객을 친숙하게 다가오게 하고 이미 검증된 노하우를 통해 가맹점주가 돈을 벌게 해주는 대가로 매출의 몇 %를 또는 순이익의 몇 %를 본사가 로열티로 받아서 수익을 내는 사업이다.

그런데 우리 나라에서는 매장들의 정확한 매출을 알 길이 없다. 카드사용이 늘어나 점점 정확한 매출이 잡히고 있기는 하다. 그러나, 거의 대다수가 매장의 매출을 줄여서 신고하는 것이 관행이 되어 있고, 세무서도 이 부분을 관행으로 가져가는 분위기에 외국에서 들어온 매장이나 대기업이 운영하는 매장과 작지만 정직히 운영되는 몇몇 매장을 제외하면 소규모 점포의 매출 신고는 고무줄과 같다. 매출 신고액을 바탕으로 로열티를 수거해야하는 프랜차이즈 시스템은 제대로 성장해 나가기 어렵다.

그것을 입증해 주는 예가 미국 브랜드 쟈니킹(청소 용역 업체)과 같은 서비스 프랜차이즈 분야이다. 이들은 우수한 프랜차이즈임에도 불구하고 로열티 수급 시스템을 미국과 같이 가동시키지 못하고 있어 어려움을 겪고 있다.

가맹점들이 매출을 정확히 본사에 보고하고 매출의 일정 퍼센트를 로열티로 내준다면 본사는 상품이나 용역, 어떠한 서비스 지원도 원가 수준에서 계속적으로 양질의 공급을 해줄 수 있다. 그러나 그렇지 못하므로 결국 공급 물품이나 서비스마다 본사 마진을 붙여야하고 가맹점주들은 단기적인 비용절감만을 고려해 본사의 공급제품이나 비품을 주먹구구식으로 바꾸어 사용함으로써 단기적인 이익은 내고 있으나, 궁극적으로 그 프랜차이즈 시스템이 축적해온 노하우가 제대로 발휘가 안되어 프랜차이즈 전개가 부진해지는 경우가 우리나라에서는 아직 많다고 하겠다.

또 한가지는 로얄티에 대한 인식의 문제이다. 지적재산권이나 소유권에 대한 인식이 아직은 낮은편이라 로얄티에 고객들이 부담감을 높게 가지고 있다. 매장매출의 3% 또는 5%를 로얄티로 매월 수급하는 회사가 일부 있지만 아직도 국내 인식이 개선되어 가맹비처럼 거부감없이 확산되기까지는 적어도 4~5년은 필요한 것이 국내 프랜차이즈 시장의 흐름이다.

그러므로 로열티 사업 시스템보다는 유통상품을 통한 물류시스템에서 수익을 찾는 쪽이 사업성공을 빨리 가져다 주게 된다.

2) 물류를 본사가 직접 시작해야 하는 이유

초기의 물류를 인테리어와 같이 골치 아프다고 아웃소싱을 주게되면 끝내 유통상품의 노하우를 구축할 수 없다.

국내에는 많은 물류 회사들이 있다. 두산 물류나 CJ물류, 해표 물류를 비롯해, 봉고차 2~3대로 운영되는 영세한 물류회사도 있고 봉고차 40~50대를 보유한 규모는 커 보이지만 차량들이 대다수 지입의 형태로 운행되는 물류회사들도 있다.

앞서 말한 바와 같이 우리나라에서는 로열티를 통한 프랜차이즈 시스템 구축이 아직 어려워 유통상품의 노하우를 구축하지 못하면 장기적으로 가맹점주를 콘트롤하며 주도할 수 없고 본사의 유통 수익을 낼 수가 없다.

유통상품의 노하우 구축을 위해서는 프랜차이즈사업 초창기부터 물품들을 직접 핸드링하는 직원을 키워나가야 한다. 직원 중 한명은 자사 유통 전문가가 나와서, 어디 가서 어떤 주기로 어떻게 구매하면 본사의 수익을 창출할 수 있는지를 찾아내고, 본사 수익을 낼 수 있는 상품이나 공급제품, 비품 등을 계속적으로 개발해 내야 한다.

가맹점주 입장에서는 결국 구매해야 할 물품들이기 때문에 직접 구매시 보다 질이 조금 앞서거나 가격이 약간만 저렴해도 본사의 물품을 우선해서 구입하도록 되어 있어, 매장수가 수십 개가 넘어가기 시작하면 체계적인 유통공급이 가능해지기 시작한다. 그런데 이러한 물품과 상품은 본사의 담당 팀장이나 담당직원이 계속 반복적으로 구매하고 공급하며, 구매원과 공급처를 개발하다 보면 유통의 흐름을 찾아내게 되어 분야별·물품별·제품별로 각각의 유통 노하우를 단계적으로 구축하게 된다.

이때 물론 본사를 통하지 않고는 구매가 불가능한 제품이 만들어져서 가맹점들에게 유통되어야 유통 상품의 노하우를 구축해 갈 수 있는데, 이것을 다른 회사에 다 맡겨 버리면 그 유통 상품의 노하우 개발을 누가 할 수 있겠는가?
또, 유통상품의 노하우가 확실해야 가맹점주를 장악할 수 있고 로얄티도 제대로 받아낼 수 있다.

본사가 이미 자사 프랜차이즈와 관련된 상품이나 물품의 유통 경로와 공급노하우를 구축한 상태가 되면 차로 배송되는 부분을 물류 회사에 넘기고 핵심적인 기능만 본사에 남겨 놓을 수 있다. 물류 시스템의 소프트웨어만 남기고 하드웨어에 해당하는 배송 기능만 물류전문회사에 의뢰하는 것이 바람직하며 효과적인 프랜차이즈 물류 시스템을 구축할 수 있다.

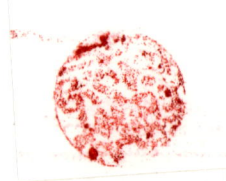

전면개정판
한국시장의 프랜차이즈 전략 Ⅱ

1판 1쇄 인쇄 · 2009년 9월 18일
1판 1쇄 발행 · 2009년 10월 1일

지 은 이 · 유 재 은
발 행 인 · 박 우 건
발 행 처 · 한국생산성본부 정보문화원
　　　　　서울시 종로구 사직로 57-1(적선동122-1) 생산성빌딩
등록일자 · 1994. 9. 7
전　　화 · 02)738-2036(편집부)
　　　　　02)738-4900(마케팅부)
F A X · 02)738-4902
홈페이지 · www.kpc-media.co.kr
E-mail · kskim@kpc.or.kr
I S B N · 978-89-8258-607-1 13320

정가 12,000 원

※ 잘못된 책은 서점에서 즉시 교환하여 드립니다.